日本国憲法「改定」

国民が考える国のかたち

参議院議員
和田 政宗

すばる舎

はじめに

なぜ、日本国憲法「改正」ではなく「改定」*なのか。

それはやはり、現行憲法の成り立ちにある。

現行憲法（日本国憲法）は、原案が日本人ではなくアメリカ人の手で書かれた。ＧＨＱにより英文で手渡されたものを日本人が翻訳し、若干の修正を行って「日本国憲法」となったのである。

大日本帝国憲法（明治憲法）は、20年弱の歳月をかけて、官僚である井上毅や政治家である伊藤博文を中心に、練りに練り上げられて完成した。しかし、国民の投票で選ばれた議員によって作られたものではなく、国民投票を経たものでもない。

これは当時、まだ憲法も議会もなかったわが国が、近代国家としての姿を形成するにあたって、いわば当然のことなのだが、今、日本国憲法を改正するとなれば、初めて国民の手によって練り上げられた条文が作られることになるのである。

だからこそ私は日本国憲法「改定」と呼びたい。
まさに国民の手によって憲法を定めていく試みと言えるからである。

現行憲法は、誰が国を守るのか、国を守る部隊も軍隊も明記されていない。これは世界の憲法と比較しても極めておかしいことである。

また、憲法第11条と第97条の重複など、構造としてもおかしな憲法となっている。

戦後の日本は現行憲法のおかしな部分を修正せず、憲法解釈を積み重ねて合憲化していくという手法を使ってきた。

しかし、これも限界に来ている。

例えば、自衛隊については憲法解釈上合憲であり、国民の支持も高いが、憲法学者の多くは「違憲である」としている。

これは、憲法解釈を積み上げてきても「意味がない」と言っているに等しい。

であれば、憲法に書き込むことが筋であり、世界各国を見ても憲法を改正することで、それぞれの国に合った憲法にしてきたのである。

今、日本の将来のためにも憲法を「改定」する時期に来ている。

憲法についてとことん考えてきた安倍晋三内閣総理大臣・自民党総裁とそのブレーンがいる今こそが、初めての憲法改正の発議、国民投票に向け、国民にとっても幸いなことであると思う。

本書では、なぜ今、憲法「改定」が必要なのか、国民生活の面からも考えてみたい。国防のみならず、暮らしの面でも憲法を「改定」することで何が得られるのかを考えてみたい。

読み終わった際に憲法「改定」への理解が深まるよう、わかりやすく、論拠も明確に示しながら書き進めていきたい。

＊本書内では一般用語として「憲法改正」を使用しますが、筆者の意図として「国民の手によって憲法を定めていく試み」というニュアンスを伝えたい場合は、タイトルを含め、かぎ括弧付の「改定」という表記を使用しています。

目次

第二章

憲法「改定」の目的と国のかたちを考える

第三章

9条以外の、現行憲法の問題点と論点

第四章

憲法「改定」試案

参考文献

伊藤哲夫『明治憲法の真実』致知出版社　２０１３年
高橋史朗『「日本を解体する」戦争プロパガンダの現在　ＷＧＩＰの源流を探る』宝島社　２０１６年
倉山満『口語訳　日本国憲法・大日本帝国憲法』ＫＡＤＯＫＡＷＡ／中経出版　２０１５年
西修『現代世界の憲法動向』成文堂　２０１１年
西修『世界の憲法を知ろう─憲法改正の道しるべ』海竜社　２０１６年
高尾栄司『日本国憲法の真実 偽りの起草者ベアテ・シロタ・ゴードン』幻冬舎　２０１６年
江藤淳『閉された言語空間』文芸春秋 １９８９年

第一章

今、憲法第9条の「改定」が必要な理由

どんなときも国土と国民の命と生活を守るために

政府の使命は、国土を守り、国民の生命を守る、と書くと、「国民の生命が先ではないか」と言う方がいる。

もちろん国民の生命を守ることは、政府として最優先事項であるが、国土がなければ国民は存在し得ない。それはイスラエル建国とユダヤ民族の歴史を見れば明らかである。

国家とは国土があり、国民があり、そして統治機構があって成り立つものなのである。

しかし、**日本国憲法には、非常時や戦争時に国土や国民を守るため、政府や国民は何をするかということが全く書かれていない。**

基本的人権を尊重するのは当たり前であり、この部分が日本国憲法でより明確になったことは評価すべきだが、個人の尊重を重視するあまり、国家に対して国民が何をするのかという視点が現行憲法下では醸成されてこなかったのである。

今、北朝鮮が日本の方角にミサイルを飛ばすのはなぜか。中国が尖閣諸島にちょっかいを出すのはなぜか。

それは国土や国民を守る手段が日本国憲法に書かれていないからである。

こうした国ほど攻めやすく、ちょっかいを出しやすい国はない。だから北朝鮮や中国が手を出してくるのである。もし北朝鮮がロシアの上空を通過するミサイルを撃ったらロシアはどうするか。即座に打ち落とすとともに自国への攻撃とみなし、反撃することが考えられる。

政府や国家の指導者は、国土と国民の命を守るためにあらゆることを考え、あらゆる行動を取らなくてはならない。しかし、日本には憲法に不備があるため、それが阻害される可能性があるのだ。

「憲法に書いていないからできない」と、みすみす国土が攻撃を受け、国民の命が失われても、「憲法上できない」ので何も行動しないとなれば、「憲法守って国滅ぶ」となり、まさに本末転倒である。

憲法を守ることが目的ではなく、憲法によって国と国民を守ることが目的とならなくては意味がない

いかに国土と国民を守るかが政府の責務であり、それを本来は憲法が保証すべきものだと述べてきた。

実際、同じ敗戦国で、国際紛争を解決する手段としての戦争放棄を憲法でうたうイタリア共和国は、憲法に「祖国の防衛は、市民の神聖な義務である」と記し、2000年代まで徴兵制を敷いていた。

また、憲法上、非武装で軍隊を持たないコスタリカやパナマもいざというときには軍隊を編成し、武器を取って戦うことが明記されている。

例えば、コスタリカ憲法は「恒常的機関としての軍隊は禁止する。米州の協定により、または国防のためにのみ軍隊を組織することができる。」とある。

米州の協定（ボゴダ憲章および米州相互援助条約）にもとづくか、国防のためであるならば

軍隊を組織することが可能であり、同憲法147条には、内閣は「国家防衛状態の宣言ならびに軍の動員命令、軍の組織化及び講和交渉の権限を国会に請求する」とある。

また、パナマ憲法は310条に「パナマ共和国は、軍隊を保有しない。すべてのパナマ人は、国家の独立および国の領土を守るために武器を取ることが求められる。」と記している。

国を守るために国民が立ち上がるのはごく当たり前のことであり、これが本来の国防の姿なのである。

しかし、戦後の教育やメディアにおいて「軍事は悪」という意識を国民に植え付けようとする勢力によって（GHQが日教組の前身組織の結成を促し、NHKで戦前の行動を反省させる『眞相はかうだ』を放送させたことに始まる→153ページ参照）、われわれは知らず知らずのうちに国を守る軍備（防衛装備品）にすら歯止めをかけるような動きが生まれてきた。それが防衛費のGNP1％枠であり、今もGDP1％前後に防衛費はとどまっている。

こうしたことが積み重なる中、果たして必要な防衛力を整えられているのかという点について、私は不十分であると考える。ミサイル防衛のためのイージス艦も慌てて現在の6隻から8隻に増やす状況である。

危機が迫らなければ予算は付かないし、イージス艦から発射する迎撃ミサイルも地上から迎撃するＰＡＣ３も、相手国の飽和攻撃（波状連続攻撃）に耐え得る弾数が十分にあるかと言えば非常に不安な状況と言わざるを得ない。また、自衛隊員の隊舎ではトイレットペーパーも自費購入であったり、コピー用紙にも事欠いたり、防衛大学付属病院や自衛隊病院では年度末になると手術ができなくなったりする。果たしてこれで「いざというときに国民を守れる体制だ」と胸を張って言えるだろうか。

日本においては、「憲法９条は自衛権を否定しない」という解釈の積み上げで防衛力が整備されてきた。しかしそれは、必要最小限度の実力でなければならないとされ、だからこそ現在の状況に陥っているのである。

日本国憲法はＧＨＱが急いで作った条文がもとになり、ほぼそのまま日本国憲法となった。その原案作成にかけた時間はたった3日だったのではないかという説もある。（→１１４ページ）

こうした憲法であるから不備や足りない部分があるのも当然で、本来は改正によって内容を高めていくわけだが、日本ではそれが種々の事情でできなかったことにより、解釈を積み上げていく方法によって憲法の不備を補う状況となっているのである。

国と国民を守るために憲法に何を書くのか、今こそ真剣に考え、憲法改正を実行していかなくてはならない。

今、危機がそこにあるのに、わが国や国民を誰が守るかが記されていない憲法をこのままの状態で保持し、相手国（敵国）から日本への攻撃が始まったとしても「憲法上、日本は戦いません」となるのだろうか。

それはあり得ないことだが、「憲法を守れ」という主張を厳密に解釈するなら、「国土が侵略され、国民の命が失われても戦わない」ということになりはしないか。こうした憲法でみなさんは本当によいとお考えになるだろうか。

あなたはこの憲法で、家族を、国を、守れると思いますか

「国防の基本とは何か」ということを考えてみたい。

先ほどの非武装国家であるパナマ憲法には、いざというとき、「すべてのパナマ人は、

国家の独立および国の領土を守るために武器を取ることが求められる。」と記されている。すなわち、いざというときに国民は武器を取って攻撃国に立ち向かわなくてはならないし、そうするのである。

これが有史以来、本来の防衛の方法である。

日本においての農村集落について考えてみるとよくわかる。

豊臣秀吉の刀狩り以前は、各家々に刀や槍、甲冑などの武器を隠し、盗賊や武士などが襲ってきたときには、刀を手に取り立ち上がり、集落を守ったわけだ。自らの手で自らの命を守り、家族を守り、集落を守っていく。ごく当たり前のことである。

黒澤明監督の「七人の侍」もまさにこうした話であり、村を襲う盗賊から農民と七人の侍が一緒になって集落を守る話である。

スイスの考え方はもっとすごい。常備軍があるうえに、国民はいざというときに銃を取って戦う義務がある。

徴兵制が敷かれ、19歳もしくは20歳になると初年兵学校で15~17週間の新兵訓練を受け、ライフル銃を受領し、自宅に持って帰って格納する。

その後、年3週間の軍事訓練を10回に分けて受けなくてはならない。有事の際には弾薬が供給され、家庭で保管していたライフル銃を手に、軍に加わって戦闘を行う。

スイスのこうした防衛の仕方は「国民皆兵」と称される。そして、最終的に「焦土作戦」というものもある。これは相手国の軍隊がスイスに侵攻し、どうしてもスイスを防衛できないとなれば、自国が保有する橋やトンネル、道路、工場にまで火を放ち、すべてを焼き尽くしてしまうのである。すなわち、ぺんぺん草も生えない状態で侵攻国にスイスを渡し、スイス国民は国外のどこかに亡命政府を打ち立て、スイス国土を奪還する作戦に出るのである。

このような覚悟があるスイス国家と国民に対し、戦争を仕掛ける国があるだろうか。結局スイス国土を占領しても多大な犠牲を強いられるとともに、占領したスイス国土には何も残っておらず、一からまた建設工事を始めなくてはならない。他国はそんなリスクを冒してまで戦争は決してやらないのである。

「世界唯一の平和憲法」というウソ

日本国憲法は護憲派を中心に「世界唯一の平和憲法だ」と言われる。ここで日本国憲法第9条を見てみたい。

第9条　日本国民は、正義と秩序を基調とする国際平和を誠実に希求し、国権の発動たる戦争と、武力による威嚇又は武力の行使は、国際紛争を解決する手段としては、永久にこれを放棄する。

2　前項の目的を達するため、陸海空軍その他の戦力は、これを保持しない。国の交戦権は、これを認めない。

この9条があるため平和が保たれ、ノーベル賞に値する世界唯一の「平和憲法」であると言う勢力もあるが、実は世界中のほとんどの国の憲法にこうした「平和条項」があり、9条のような戦争放棄を明記している国もある。これは日本だけのものではない。

また、国際紛争を解決する手段としての戦争を放棄する日本の9条と同じような条文は、アゼルバイジャンやイタリア、エクアドル、ボリビアの憲法に明記されている。日本の9条が「唯一の平和憲法」というのは、全くの誤りなのである。(↓次ページ表参照)

日本国憲法9条1項のような「侵攻戦争をしない、侵略戦争をしない」という条文は、1928年のパリ不戦条約からもたらされた精神であり、だからこそ各国憲法に盛り込まれている。

しかし、それと対になる条文は、**「侵略はしないけれども、国を守るために防衛軍や軍隊を持つ」**というものだ。これは、国土と国民を守るためにごく当たり前のことである。

ところが日本の憲法では「国際紛争の解決のための戦争を放棄」したうえで、「戦力を持たない」「交戦権も否定」ということまで宣言している。

この部分を見ると、**世界で唯一の、国を守るために定めるべきものを定めていない「いびつな憲法」**と言うことができる。

日本国憲法第9条は、唯一の崇高な精神ではなく、「唯一のいびつな精神」なのだ。

なお、ハンガリーは以前、戦争放棄を憲法に明記していたが、2011年制定の新憲法においては、戦争放棄の条文を盛り込まなかった。

現代世界の平和条項の態様と採用国数

①平和政策の推進（平和を国家目標に設定している国などを含む）	アルバニア、インドネシア、インドなど
②国際協和（国連憲章、世界人権宣言の遵守、平和的共存などを含む）	アルゼンチン、ハンガリー、ポルトガルなど
③内政不干渉	ブラジル、中国、タイなど
④非同盟政策	アンゴラ、モザンビーク、ナミビアなど
⑤中立政策	オーストリア、スイス、マルタなど
⑥軍縮	バングラデシュ、カーボベルデ、東チモールなど
⑦国際組織への参加ないし国家権力の一部委譲	デンマーク、フランス、ドイツなど
⑧国際紛争の平和的解決	アルジェリア、エクアドル、ニカラグアなど
⑨侵略戦争の否認	フランス、ドイツ、韓国など
⑩テロ行為の排除	スペイン、ブラジル、チリなど
⑪国際紛争を解決する手段としての戦争放棄	アゼルバイジャン、イタリア、エクアドル、ボリビア、日本
⑫国家政策を遂行する手段としての戦争放棄	フィリピン
⑬外国軍隊の通過禁止・外国軍事基地の非設置	ベルギー、モンゴル、フィリピンなど
⑭核兵器（生物兵器、化学兵器も含む）の禁止・排除	カンボジア、コロンビア、パラオなど
⑮（自衛以外の）軍隊の不保持	コスタリカ、パナマ
⑯軍隊の行動に対する規制（シビリアンコントロールを含む）	パプア・ニューギニア、南アフリカ、ネパールなど
⑰戦争の宣伝（煽動）行為の禁止	クロアチア、リトアニア、タジキスタンなど

＊ 1 項目でも規定のある成典化憲法国　189 か国中 159 か国（84.1%）

西修『世界の憲法を知ろう－憲法改正の道しるべ』海竜社（2016）の後、西修先生による 2017 年 4 月末日の更新情報と和田調べによる。

本当に、9条で平和は守られたのか

「戦後の日本は、憲法第9条があったから守られた」と主張する人がいるが、9条があっても日本に軍事的に手を出そうとする国に対しては、何の抑止力にもならない。

戦後の日本を守ったのは自衛隊と日本に駐留した米軍であり、**現在の9条はむしろ国民を危険にさらす可能性がある。**

そもそも、日本国憲法は、アメリカの手で作られ日本に押しつけられたもの。その中に9条がある理由は「日本の防衛はアメリカが担うから、日本は軍事力を持つな」ということである。実際に第二次大戦の終結後、日本の陸海軍は解体され、1950年の警察予備隊設置まで、日本は国際法で認める自衛のための国軍＝武装組織を持たない状態が続いた。

なぜ、アメリカはそのような手段を取ったのか。それはあまりに日本軍の戦い方がすさまじく、日本人を心底恐れたからである。今でも米軍関係者と懇談をすると、「最も戦いたくない国は日本」だと言う。

開戦時の真珠湾での正確無比な攻撃。硫黄島での激しい戦い。死を恐れずに果敢な攻撃を仕掛ける日本軍との戦闘によって、米側も多くの兵士の命が失われた。兵力差が4倍もあれば、南方戦線の島々くらいの大きさであれば通常数日で落ちるが、日本軍は2か月も3か月も耐えた。

あんな戦争は二度とごめんだ。戦争からの復興を成し遂げた日本が再びアメリカと戦うことはどうやっても避けなくてはならない。であれば、日本から軍事力を取り上げることが最善の道である。そうした経緯で生まれてきたのが現行憲法であり、第9条である。

つまり**9条は「日本人は、自分の国である日本を守らなくてよい」として作られた条文な**のである。

そもそも自らの国を守る手段が明記されていない憲法で、国が守れるはずがない。

では、誰が日本を守るのか。

それは日本に駐留する米軍であったわけだ。

しかし、朝鮮戦争が始まるに至って事態は変わった。米軍が朝鮮戦争に注力するため日本に駐留させていた部隊を朝鮮半島に移動させた。そのため、日本の国防が空白化する危険があった。そこで組織されたのが警察予備隊であり、その後の保安隊、自衛隊となるわけである。

状況が変わったのだから、憲法に自衛隊を明記することはむしろ当たり前であったはずだ。

しかし、日本国憲法ができてから70年の間、それを国会も国民も放置してきた。しかも、「9条を守れ」と叫ぶ人たちの中は、自衛隊を「解消」し「非武装中立」せよという人たちもいる。日本共産党などの勢力だ。

近代、**非武装中立を宣言した国はいくつかあるが、それによって平和を保ち、戦争からの被害を免れたという例は、残念ながらない。**

例えば、ヨーロッパのほぼ中央に位置し、ドイツとフランスに囲まれたルクセンブルクは、1867年の建国当時から「非武装・永世中立」を宣言していた。ところが第一次・第二次世界大戦では、中立宣言を無視したドイツによってあっさりと占領されてしまい、大戦後はNATO（北大西洋条約機構）に加盟して、非武装を手放している。

もしも今、日本が非武装になったとしたら、何が起こるか。ドイツによって踏みにじられたルクセンブルクのように他国に攻め込まれて終わり、というシナリオが容易に想像できる。

非武装中立による平和は、確かに理想の平和かもしれない。日本を取り囲む各国が、心から日本民族のように平和を愛し、争いを嫌う人々ならば、それは成り立つかもしれない。

だが、有史以来日本は、わが国とは考えの違う民族に囲まれており、今、中国などが軍拡を進める中、非武装中立は現実世界ではあり得ないことなのである。

非武装中立が成立しないのだから、自衛のための軍事力を持つのは国土と国民を守るために当たり前のことである。だからこそ自衛のための軍事力の存在と運用方法を、憲法と法律できちんと定めておくことが必要なのだ。

日本がどこかの国に攻撃される段階に至っても、「このような強烈な反撃は自衛権の範囲を逸脱しており、そもそも自衛隊は違憲」などと言う人はいないと思うが、多くの憲法学者の今の立場を見れば、そういう人が出てきてもおかしくない。

そうした状態に陥ることを避けるためにも、憲法の改正は必須なのである。

最低でも、9条に3項を加えるなどして、自衛権の行使や自衛隊存在の正当性を明記するのは当たり前のことではないだろうか。

具体的な条文の内容についてはこれからの議論となるが、その精神としては、「陸海空の戦力は保持しないが、自衛のための戦力は除く。そして国連憲章でも国家の当然の権利として認められている自衛権を行使する組織として、自衛隊を設置する」ということが盛り込まれることになるのではないだろうか。

憲法で国防のための最低限の要件を定めておき、そこから先の具体的な事項は、その下のレベルの法律で決めておけばよい。

繰り返しになるが、「日本には憲法9条があるからこそ平和が保たれている」と主張する人々に理解していただきたいのは、現実の世界である。崇高な理想を掲げることは素晴らしいことかもしれないが、その理想で現実世界は守れない。

他国が日本に攻め入ってきたとき、その最前線で「日本には9条があるんだ。戦争はしないんだ」と言って、相手国の兵士を説得できるのだろうか。

今まさに飛んでくる銃弾やミサイルを、「9条があるから大丈夫」と言って魔法のように止めることができるのか。それができずに日本が焼け野原になることが、彼らの考える平和なのか。そんなことはないはずであるが、彼らの主張することはこれに等しい。

改めて言うが、私は「9条があるから平和が保たれている」などということはないと認識している。

だからこそ憲法に自衛権、もしくは自衛隊の存在を明記する。国防の基本は、国民自らが武器を取り、自身や家族、国を守るということを述べてきたが、われわれがそういうことをするより、高い訓練を受けた自衛隊の方々に国を守っていただくことが、よりしっかりとわが国を守ることにつながる。だからこそわれわれは自衛隊という組織を持ち、自衛隊に頼るのである。

9条に書かれていることは非武装だと解し、国防のための組織を何も持たないことよりも、国防力を憲法ではっきりと規定して、周辺国の不条理な行動に対しては毅然と対応する。そうした当たり前の態勢を作っておくことが、わが国の平和を真に保つことになるのではないか。

限界に来た、憲法解釈で積み上げてきた自衛隊の存在

外部からの侵略や攻撃に対して、自衛的に応戦する。こうした国の自衛権というものは国際社会において、ごく当たり前に認められているものである。

たとえ憲法に書かれていなくても、国があるなら、そこに自衛権があるのは国際法上もごく当然のことである。国連憲章第51条にも、国家は個別的自衛権も集団的自衛権も行使

できることが記されている。

その自衛権を行使するための必要最小限度の実力部隊として自衛隊がある、という論に立ち、日本は自衛隊の存在を肯定してきた。

憲法に明記されていないものの、憲法上も自衛隊の保有は可能であるという解釈により、自衛隊法などの法律を整え、自衛隊の体制も整えてきたのである。

しかし、自衛隊の存在が憲法に明記されていないことにより、自衛隊員はその存在が憲法上宙ぶらりんのまま厳しい国防の任務に当たっている。

また、必要最小限度の実力であるため「専守防衛」が求められ、日本に向け攻撃してくる国の敵基地を叩く能力を保有してこなかった。

敵基地攻撃能力の保有は現行憲法上でも可能であるが、憲法上、国を守る部隊＝自衛隊の存在が記されていないため、抑制的な防衛力整備が行われてきた。

このことによって、今、日本にどういう事態が起きているか。

近年、中国や北朝鮮、またロシアまでもが、ときに軍事力をちらつかせながら、日本にちょっかいを出してきているのである。

その理由は明確で、日本と万が一、局地的な戦闘が起きたとしても日本は自国領土まで反撃する能力を持っていないことがわかっているということと、日本には憲法9条があるため専守防衛であり、「一発食らうまでは決して反撃しない」ということを彼らが知っているからである。

こと中国については、空ではわが国領空に迫り、自衛隊機の頻繁なスクランブル（緊急発進）が日常化しているし、海では尖閣などの南西諸島を中心に、中国公船によるわが国接続海域への侵入はおろか、領海侵入まで毎月何回も起こしており、それが常態化している状況である。

ついには中国軍艦による領海侵犯も起きており、中国は日本の南西諸島周辺を、さも自国の領海であるかのように振る舞っている。

そして竹島は盗られ、尖閣は危機に

国の使命は、自国の領土を断固として守り抜くことは、冒頭でも述べた。しかし、日本は主権回復以後、他国に実質的に盗られてしまった領土がある。

それは韓国に実効支配をされている竹島である。韓国の軍事力（表向きは警察組織）によって不法占拠され、以後もその状態が続いている。

この竹島問題の教訓から学ぶべきは、領土はどんな手段を用いても守らなくてはならないし、実効支配しなければならないということである。

平成24年9月、それまで個人所有だった尖閣諸島の3つの島を政府が購入した。国有地となったことにより、「国として国土を守る」という明確な意思を示した。これが何を意味するかを理解している中国は、これ以後、公船などによる尖閣諸島領海への侵入を頻繁に繰り返し、その状況は今も続いている。

しかも、日米は中国の尖閣侵攻に備え、「離島奪還訓練」を行っているが、これに対抗してか、中国も同じような島嶼《とうしょ》奪還訓練をロシアと共同で行うなどしている。

尖閣諸島を守るために日本は何ができるのか。もう「中国が反発するから」と、抑制的な行動を取っているべきではない。尖閣は日本の領土なのだから、守り抜くのが当然であり、そのために何をするかを考えなくてはならない。

仮に中国が、尖閣の魚釣島に一気に軍を上陸させ、地対艦ミサイルを配備すれば、日本は実効支配された尖閣に近づけなくなる。奪還作戦も極めて難しくなる。これは軍事の常識であり、中国は最終的にそれを狙っていると見られる。

だからこそ有効な手段は、わが国が尖閣諸島を地上から守ることである。最も有効なのは、尖閣に自衛隊を駐留させるという方法だ。しかし、この方法に対しては、いわゆる左派の人々から「軍事的緊張を高めるな」という批判が噴出するであろう。

だが、手を出してきているのは中国であり、そもそも自国の領土に自衛策を施すことに、何も問題はない。そうした手段を「緊張を高めるから」という理由で排除してしまうと、尖閣を係争地域であると認知させようとする中国の策略にまんまとはまる。

今の中国の狙いは、まさにそこにある。

どう考えても日本の領土である尖閣諸島を奪取するためには、尖閣が係争地域であり、紛争地域であるとの認識を国際社会に広めなくてはならない。元来、存在しない領土問題を、手を出し続けることによって問題化するのである。

これに対し、われわれが領土を守るための断固たる行動を取らないことは、中国の戦略を利することになる。

もし、尖閣諸島に自衛隊を駐留させることが次の段階の手であるとするなら、例えば、以前あった船着き場を再整備し、漁業者を対象とした滞在施設を整備することや、公的施設として気象観測のための測候所を置くこともできる。私はすぐにやるべきだと思う。なぜすぐ行動しなければならないかということであるが、それは中国の行動がエスカレートしてきているからである。

はじめは漁船が領海に侵入してきたのだが、次に中国海警局などの公船、そして最後には軍艦が領海侵犯するようになった。そして、空において中国軍の戦闘機は自衛隊の戦闘機とほぼ互角の能力も持つようになった。いつでも尖閣に侵攻できる状況を作ってきたのである。

ただ、現時点においては直接的な軍事行動はさすがにしないと思われる。国際社会においては、尖閣は紛れもない日本の領土であり施政権も及んでいる。

では中国はどうするのか。南シナ海での中国の動きを見ていると、漁業者などの民間人を利用しながら何かしらの理屈をつけて尖閣の実効支配に乗り出す可能性は大いにある。

例えば理屈の付け方はこうだ。台風が来て、中国の漁船あるいは商業船が難破した。あるいは台風を避けるため、近くの小島に緊急避難した。それがたまたま尖閣だった。乗組員は母国に救護を要請する。すると自国民の保護のため、中国から公船がやってきて、尖閣諸島に上陸し、そのまま居座る。

もちろん初めに島に避難する乗組員は、漁民などの姿をした軍人と見るべきであろう。武装しており、最終的に海上保安庁では対処できない事態も想定される。そこで、自衛隊が出ていけば、向こうも軍艦や戦闘機を差し向ける。このように自衛隊と中国軍が対峙すれば、まさに紛争地域となるのである。

こうなれば中国は、尖閣を占拠できなくても「中国と日本が領土紛争をしている」という印象を世界に与えることができる。そのうえで、「本来なら、この地は中国のものだ」と言い張り、尖閣を掠《かす》め取っていく。そうしたシナリオを想定しておかなくてはならないし、考え得る実際のシナリオとして警戒しなくてはならない。

尖閣周辺は豊かな漁場で、以前は日本の漁船も盛んに操業していた。だが今は操業することが危険となり、中国側に追いやられるようなかたちで魚を獲ることができなくなっている。

「日本は憲法9条があるから反撃してこないので、やるだけやってしまえ」――このように憲法9条がもたらしている現状は、漁業や国民生活にまで影響を及ぼしているのだ。

中国の拡張政策と南シナ海

近年、中国は拡張政策を続けている。外へ外への膨張である。これは中国国内の事情と密接に絡む。中国共産党は一党支配を未来永劫続けていくという意志があり、そのためには国民の支持が必要である。しかし、経済格差などによる国民の不満は溜まる一方で、外に向けることで国民の不満をそらしたいという思惑がある。

また、もともとの民族性も拡張政策に反映されているだろう。中華思想は「中国こそが世界の中心」というものであるし、だから「俺たちの言うことがすべて。世界の常識は関係ない」という態度を取るのかもしれない。

中国が太平洋に軍艦等で出ていこうとするとき、目の上のたんこぶは日本である。次ページの地図を見ていただければわかるが、中国の東シナ海から太平洋に抜ける海上ルートはすべて、日本の島々の間を通っていかなくてはならない。だからこそ、その一角である尖閣諸島をまず押さえ、沖縄の分離工作を行い、なんとか海上ルートを確保しようとしているのである。

中国の海洋進出

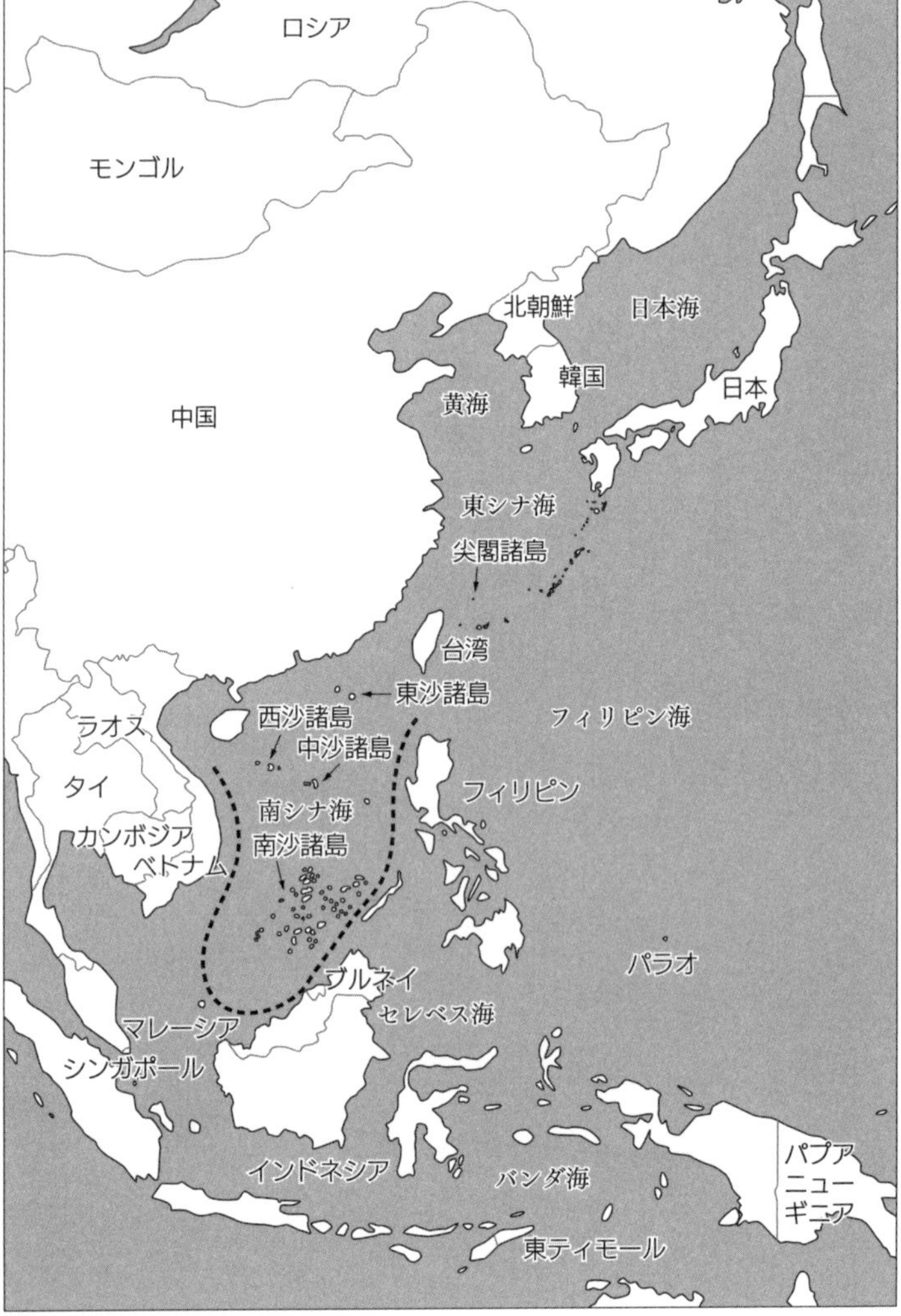

南シナ海の点線は、中国が不当に領海と主張している部分。

そして、中国の手は南シナ海にも及んでいる。

中国が南シナ海を制圧しようとしているのはなぜか。それは、日本とアメリカに脅しをかけられるようにするためである。

近年、中国は着々と軍備を増強し、それを世界に向かってアピールし、軍事大国として振る舞おうとしている。だが、中国がせっせと地上に配備しているミサイルは実は軍事衛星で掴むことができる。

「発射準備が始まった」「発射用車両を移動した」。こうしたことは、かなり正確に察知することができるようになっている。いざとなれば米軍は中国のミサイル基地を叩くこともできる。さらに、自衛隊も敵基地攻撃能力を持ってこなかったが、巡航ミサイルを米軍から買うなどすれば、それがすぐ可能になる。

しかし、これが潜水艦であれば海中なので、軍事衛星でその居場所を突きとめるのは難しい。だから日本とアメリカにとって脅威となるのは、中国の潜水艦から発射されるミサイルということになる。

中国もこうしたことは理解しており、弾道ミサイルを発射できる潜水艦を有効に使いたいと考える。ところが日中が国境を接する東シナ海はその大部分がユーラシア大陸の大陸棚で、水深が浅い。ごく一部を除けば、水深２００ｍあるかどうかという程度。このような浅い海では潜水艦を潜航させても、哨戒機などによって日米にすぐに探知されてしまい、地上のミサイル基地とほとんど変わらない。

一方、南シナ海は水深がかなり深い。深いところで３０００ｍくらいある。もちろん、そんな深度まで潜れる潜水艦はないが、深く潜ればそれだけ発見される危険は少なくなる。そうした海域に弾道ミサイルを積んだ潜水艦を潜航させておけば、中国は日本とアメリカに向かって常に喉元にナイフを突き付けた状態でいられる。

まだ中国の潜水艦発射型弾道ミサイル（ＳＬＢＭ）は南シナ海から発射してもアメリカ本土まで届く射程とはなっていないが、多数の爆撃機を配備しているグアムはゆうに射程に入る。日本に至っても当然、全土が射程に入る。

また、南シナ海から東シナ海へと続く航路は、中東から日本へ石油を運ぶタンカーの重要な航路である。いわゆるシーレーンで、この海域が中国によって封鎖されてしまったら、日本は大打撃をこうむる。経済はもちろん国民生活も立ち行かなくなる危険もある。中国が南シナ海に固執するのは、こうした理由がある。

現在、南シナ海において中国は、上空を米軍などの哨戒機が飛ばないよう制空権を押さえに出ている。スプラトリー諸島に国際法違反の人工島を建設し、要塞化。ミサイル発射基地を作り、「近づく者は撃ち落とす、沈める」という軍事力をさらに強めようとしている。アメリカは「航行の自由作戦」と名付け、米軍艦に人工島の近くを航行させ、「中国の自由にさせない」との意思を表明しているが、この海域においてはアメリカと東南アジア諸国、そして日本の協力体制が中国の拡張政策を抑え込むことに不可欠である。

日本は現在、安倍首相のもと、「自由で開かれたアジア太平洋戦略」にもとづく外交を進めている。国際社会の安定と繁栄の鍵を握るのは、成長著しいアジア・アフリカと、自由で開かれた太平洋およびインド洋の交わりであると考えており、これらを一体として捉えたものである。

具体的には、東アジアを起点として、南アジア~中東~アフリカへと至るまで、インフラ整備、貿易・投資などを面的に展開し各国を支援することであるが、これは中国の「一帯一路構想」に対し、この地域の国々に経済支援を行うことで、中国が好き勝手をすることを防ごうという面も強い。

日本は、この戦略を具体化していくため、東アフリカと歴史的に結び付きの強いインド、同盟国である米国、オーストラリア等との戦略的連携を強化しようとしている。

なおいっそう、日本は南シナ海やインド洋周辺の地域への関与と協力を強めなくてはならない。

急速に能力を伸ばす中国の軍事力と人海戦術

日本を取り巻く国際環境を見るために、中国の軍事力についてさらに見てみることにしよう。特に航空能力においては、中国軍はハード・ソフト両面において、自衛隊と拮抗しつつあると思われる。

平成28年、スクランブル発進した航空自衛隊のF－15戦闘機が、中国の戦闘機に攻撃動作を取られるという事態があった。非常に危険な状態だった。

そのときの状況がどのようなものだったのか詳細を語ることはできないが、現在の戦闘機戦で背後を取られるのは、負けたというに等しい。中国のミサイル性能も向上しており、ロックオンされてしまったら撃墜される危険性が極めて高い。だからパイロットとしては、決して背後を取られてはならないのである。

ところが、それを許してしまったと見られる。しかも自衛隊機は通常2機で行動するが、それでも背後を取られたということは、中国軍戦闘機の能力のみならず、パイロットの能力も上がっていると言える。

中国は兵器について、どうも諸国の技術を流用して開発している節がある。そのため開発中の事故も起きていたが、現在では技術水準も上がり、独自開発のものも増えてきた。部分的に自衛隊機の2倍もの性能を持つものもある。その状態でソフト、個々の軍人の練度が上がれば、総合的な能力は拮抗し、追い越される状況もあり得る。

では自衛隊はどうする必要があるのか。

まずは、戦闘機の能力をさらに高めることが一つ。F－35Aなど最新鋭戦闘機を導入し、既存の戦闘機に改修を加えることが必要だが、戦闘機と哨戒機や艦船との連携を強めるという手法を強化しなければ、戦闘機開発のいたちごっこで中国軍機の能力が上回ってしまうと太刀打ちできなくなる。

戦闘機の運動性能や攻撃能力という狭い範囲で考えるのではなく、領海と領空、面ではなく空間で守る総合的な防衛力を高めるということが求められる。

また、質的な部分のほかに量的な面からも考えなくてはならない。中国のやり方として、その人口や兵力からも圧倒的な量で攻めることが得意である。もし中国が公船、軍艦、さらには民間の漁船まで動員して押し寄せてきたら、日本はどこまで対応できるか。自衛隊の艦船、海上保安庁の船艇、水産庁の船を総動員しても、数が足りない。

多くの方がまだ覚えておられると思うが、平成26年、小笠原諸島や伊豆諸島周辺の海域に、おびただしい数の中国漁船が押し寄せたことがあった。彼らの目的は、表向きはサンゴの密漁で、その数はピーク時に200隻を超える規模だった。海上保安庁の巡視船が対応に出たが、船の数が全く足りず、一部の船を取り締まったほかは警告を与えて領海外に追い出すという処置が精一杯だった。

「表向きは」と記したのは、これだけの船が一気に中国から押し寄せたわけで、中国当局から何かしらの指示を受けていた可能性が考えられるからだ。過去において尖閣や五島列島でも同じ現象が見られた。海上保安庁など日本側がどう動くかを調べている節がある。

このように数で来られると、日本側の対応は現状では飽和状態になってしまう。ここ数年、尖閣に小笠原、その他の海域への対応で海上保安官には疲弊感が出ている。中国の人海戦術に対しても艦船の増強など対応策を用意しておかなくてはならない。

また、いわゆる「中国漁船」というものも、そのまま信用するわけにはいかない。漁船の乗員たちが機雷をまく訓練なども受けていることが明らかになっている。たとえ身分は一般人だったとしても、実質的には軍人である。いざというときにはすぐ中国軍の直接的な支配下に入り行動する。

これに加え、尖閣、南西諸島における中国公船の領海侵入や軍艦の領海侵犯である。人海戦術による飽和攻撃に備えられる自衛隊、海上保安庁の装備と人員増強を行わなければならない。

日本の強化された外交力と周辺諸国とのせめぎ合い

第二次安倍政権発足以後、安倍首相の外交力がいかんなく発揮され、近年にないほど今、日本は外交的に強くなっている。それでも9条改正に踏み出さなければ日本は守れないという状況になってきている。

まず安倍外交のすごさを見てみるが、平成29年9月、岸信夫衆院議員を団長に山田宏参院議員と私で、アメリカ（ハワイ）の太平洋軍を訪問した。アメリカ太平洋軍とは、まさに在日米軍や在韓米軍を束ねる上位組織であり、北朝鮮有事の際や中国の海洋進出に対処する「航行の自由作戦」など、太平洋における米軍の作戦を指揮統括する組織である。

ハリス米太平洋軍司令官、スウィフト米太平洋艦隊司令官などと会談し、米軍幹部ＯＢとも非公式の夕食会などで会談したが、彼らは安倍首相の諸外国との外交手腕に非常に感謝していた。安倍首相の力によってアジアの平和は保たれていると述べた方もいた。

安倍首相は第二次安倍政権発足以降、首脳会談を行った国は１４０カ国を超え、首脳会談数は５５０回以上（平成29年12月末現在）と日本国の歴代総理大臣の中で最多を誇っている。

国内での報道は少ないが、例えば平成29年9月のインド訪問においては、モディ首相から大歓迎を受け、８㎞にわたるパレードが行われた。

また、アメリカのトランプ大統領と安倍首相の蜜月関係の理由は、安倍首相が諸外国の首脳から信頼されているという点も大きい。

安倍首相は「地球儀を俯瞰《ふかん》する外交」と名付け、世界各国を訪問し、首脳会談を繰り返してきたが、第二次政権での在任期間が5年となる中、各国の首脳には交代がある。そうした首脳とも安倍首相は丁寧に会談を行ってきた。

首脳にとって、初の国際会議は緊張するもの。誰か知っている首脳がいないかと探したときに、過去に会談して知っている安倍首相がいるわけである。これは非常に心強い。国際会議の前後の映像を見ていただくと、安倍首相の周りには自然に各国首脳の輪ができる。それだけ安倍首相が頼りにされている証拠であり、最近ではトランプ大統領とどのように接したらよいか、安倍首相に指南を仰ぐ首脳もいる。

また、安倍首相はこれだけ多く首脳会談を行い、各国首脳との信頼関係を築いたことにより、国際会議の前に各国首脳と立ち話をすることができるようになった。これは、国際会議において日本の意見を主張するときに、「サポートしてほしい」とか、「こういった意図で発言するので誤解なきよう」など、事前に各国首脳に日本の立場を打ち込み、国際会議での日本の主張を通すための力となっているのである。

そして、北朝鮮危機への対処、中国の拡張政策への対処など、アジアの平和を保つうえでは日米関係が重要であり、日米関係を基軸としたアジアの協力関係が重要であるが、実はアメリカと東南アジア諸国との関係は決してよいというわけではない。

アメリカとベトナムは過去に戦争をしているし、フィリピンのドゥテルテ大統領は「アメリカ何するものぞ」との姿勢であるし、インドは非同盟による独自路線を取ってきた。こうした東南アジア各国と良好な関係を築いているのが安倍首相であり、平成29（2017）年11月にアメリカのトランプ大統領が東南アジア諸国を訪問できたのも、安倍首相が話をつないだからにほかならない。「安倍首相が言うなら」とトランプ大統領との会談を行ったのである。

こうした安倍外交は、まさに日米、アジア諸国の関係を密にし、外交の力によってアジアの平和を維持していると言える。「安倍首相は日本を戦争ができる国にしようとしている」などと一部野党が主張しているが、これだけ強力な外交を推進し、外交により平和を構築してきたのは安倍首相であり、これは安倍首相でなくてはできなかったことである。

外交上、わが国は安倍首相のもと、やるべきことをやっている。しかし、北朝鮮の危機に現行憲法で対応できるかは不安である。それを踏まえ、9条改正の議論をしていかなくてはならない。

拉致と憲法

北朝鮮による日本人拉致事件。決して許すことができず、速やかに奪還しなくてはならないが、拉致事件が起こった理由として、日本国憲法の不備がその一つの要因として挙げられる。

自国民が誘拐、拉致されたときに他国はどうするか。国家は何よりも国土と国民の命を守るために行動する、とこれまで述べてきたが、欧米諸国であれば軍隊を派遣してでも拉致された自国民を助けるし、犯人を逮捕するまで地の果てまでも追っていく。

一方日本はどうか。私もこれまで国会で質問してきたが、「日本国憲法上、相手国の領土に自衛隊が入り、自国民を救出することは相手国の承諾がないとできない」との答弁が出ている。国際法上は国家の自然権と解釈し、救出はできるはずなのだが、日本においては憲法上それは制限されるとの見解だ。

北朝鮮は拉致にあたってこれを知っていたと見られる。日本人を拉致しても日本政府は拉致被害者を実力で取り返せない。なぜそう考えられるか。小泉純一郎首相が訪朝し、金正日朝鮮労働党委員長と会談した平成14年。結局5人の拉致被害者が帰国することになるのだが、このとき、金正日は「拉致は北朝鮮国家として行ったこと」と小泉首相に述べた。

これは、ある意味日本にとって想定外の言葉だった。金正日が「私の知らないところで起きた。軍部の一部や、軍の知らないところで行われた」と答えれば、警察的手続きに沿って犯人の摘発ができ、拉致被害者の捜索、救出ができるわけである。

しかし、これが「国家としてやった」ということになると、拉致被害者を奪還するためには国家間の交渉となり、拉致被害者を実力で取り返すには憲法9条が阻害するのである。拉致被害者の方々については北朝鮮国内で生きているという確度の高い情報ももたらされている。

自国民をいざというとき取り返せない憲法に何の意味があるのだろうか、憲法改定の重要な要素であると私は考える。

日本は朝鮮総連の資金すら止められない

拉致被害者奪還のために必要なことは、憲法改正によって国と国民による断固たる意志を示すとともに、日本から北朝鮮へと流れる資金ルートを完全に遮断して、経済的に追い込むことである。そして北朝鮮の政策転換を促し、拉致被害者を返させるのである。

現状、さまざまなニュースでも伝えられているが、香港経由などで日本から北朝鮮へ資金が流れているのは明白であり、それをすべて止めることが重要である。

そのためにも私は朝鮮総連の破産申し立てをしていかなくてはならないと考えている。朝鮮総連は日本人拉致事件への関与も明らかであり、朝鮮労働党の指導のもと、さまざまな工作活動を行っている組織である。

しかしである。実は通常の法人であれば、資金移転などの違法行為を法律で取り締まることが可能なのだが、朝鮮総連は法人格を有していない「任意団体」なので、法の適用が制限される。

資産凍結をしようにも非居住者を対象とする外為法《がいためほう》は適用できず、国連安保理決議にもとづく国際テロリスト財産凍結法による資金凍結も、国連が朝鮮総連を「国際テロリスト」に指定しない限り実現は難しい。

朝鮮総連のビルの家賃については、朝鮮総連ではなく、朝鮮総連を支援する個人が払っていると言われており、「善意の寄付」を取り締まる法律がないのが現状である。

このまま朝鮮総連への破産申し立てを行うと、朝鮮総連が現在抱える借金が帳消しになる。そして身軽になった「第二朝鮮総連」ができてしまっては元も子もない。朝鮮総連に残された抜け道を、一つ一つ塞いでいく作業を行ったうえで、破産申し立てをしなければならない。

抜け道を防ぎ、実効性を高めるために、それができるような法改正や制度設計は、省庁間をまたぐ案件なので大きな枠組みを作ることが必要である。

また、北朝鮮の核開発、ミサイル開発を考えた場合、朝鮮大学校に理工学部が設置され、原子核物理学が教えられていることも注視しなくてはならない。

日本はスパイ防止法がないことがあり、産業スパイも含めてさまざまな技術や情報が流出している。スパイ防止法の制定も必要であるが、護憲派は現行憲法の条文などを盾に取り、制定に反対している。

スパイ防止法は現行憲法の範囲内でも制定が可能であるが、もし引っかかるというのであればその部分の憲法改正も当然必要であろう。こう述べると、「国民を監視するのか」などの意見が出てくるが、国民を守るために行うことであり、やみくもに反対する人たちは何かしらの意図を持っているのではないかと疑わざるを得ない。

高まるテロの危険性

北朝鮮危機が高まる中、今、日本国内でテロの危険性も高まっていると言える。北朝鮮は、非常に工作活動にたけた国家であり、過去において多数の民間人を殺害した大韓航空機爆破事件のみならず、韓国大統領の暗殺を狙い、副首相らが殺害されたラングーン事件などテロをいくつも起こしている。

日本人拉致においては秘密裏に工作船から工作員を日本に上陸させ、多数の日本人を拉致した。北朝鮮の工作船の日本での上陸拠点は数十か所とも百を超えるとも言われ、政府認定の拉致被害者の方々に加え、北朝鮮に拉致された可能性が濃厚であったり、拉致の可能性を排除できない特定失踪者の方々を含めると、その人数はおよそ900人に及ぶ。

平成29（2017）年になって、北朝鮮からの漂着船が相次いでいる。日本の排他的経済水域内である大和堆《やまとたい》で違法操業していた船と見られるが、貧弱な北朝鮮の木造船が荒波の日本海に向かえば一定数の船が難破したり転覆したりする。

これだけ漂着が相次ぐのはこれまでにはなく、北朝鮮が意図的に多数の漁船を大和堆に向かわせた可能性も否定できない。難破し漂着した漁船に目を向かせ、海上保安庁や警察にそちらの対応をさせ、その間に工作船で工作員を上陸させることは十分に考えられる。戦争で戦うよりテロのほうが起こしやすいことを北朝鮮は過去の経験から知っている。北朝鮮危機が高まる中で、テロを起こせる工作員の補充を北朝鮮が目論んでいるのではないかとの情報もある。

そして、最近、神社や寺に油がまかれる事件が相次いでいる。こうした事件は当初、私もいたずらだと思っていたが、平成29年4月にアメリカの元テロ対策部隊の隊長と意見交換した際、その方が言っていたのは「あれはいたずらだと見てはいけない」ということだった。そのテロ専門家は「テロの準備段階か第一段階の可能性がある」と私に伝えた。

これは、どういうことを意味しているか。

まず、神社や寺に油をまく。するとしばらくして誰かが発見するわけだが、誰が何日後に発見し、警察は来るのか。消防は来るのか。何人来るのかを見ているというわけである。

そうした点を見て分析をして、そこに人が集まりテロも起こしやすいとなれば、そこでテロを起こす。もし人が集まらない場所であったり、テロを起こしにくい場所であれば、そこに油をまいて警察と消防を引き付けておいて、スタジアムや駅など人の集まるところでテロを起こすという。

中東においてこのようにして実際にテロが起きた事例があると、そのテロ専門家は言っていた。そのために私に警戒するよう伝えてくれたのである。

油がまかれる事件はその後もいくつか起きているが、4月末には渋谷駅のホームで人糞がまかれ、10月と12月には新宿駅で人糞がまかれるという事案が発生している。

いずれも犯人はわかっておらず、駅に何かをまくという行為はサリンなどの毒物をまく演習をしている可能性も警戒しなくてはならない。人糞であれば笑い話で済まされる場合が多く、あまり警戒心を持たれず人の動きを見ることができる。

日本においては昭和49年から50年にかけて連続企業爆破テロ事件が起き、平成7年には地下鉄サリン事件があったが、それ以降は幸いにしてテロは起きておらず、人々の警戒心も薄い。

しかし、北朝鮮危機が強まる中、テロが起きる可能性については警戒しなくてはならないし、政府・与党としてもテロを防げるようしっかりとした対応をしていく。

日本国を引き裂く勢力に惑わされず、「どうすればよい国になるか」という憲法改正の視点を

憲法改正の機運が高まる中、それを阻止しようとする勢力の現状もしっかりと見なければならない。

例えば、今、沖縄はさまざまな活動家が入り込み、大変なことになっている。公安調査庁の報告では、米軍基地反対運動や琉球独立運動に中国の手が伸びていることも指摘されている。

公安調査庁『内外情勢の回顧と展望』平成29年1月

中国国内では、「琉球帰属未定論」に関心を持つ大学やシンクタンクが中心となって、「琉球独立」を標ぼうする我が国の団体関係者などとの学術交流を進め、関係を深めている。こうした交流の背後には、沖縄で、中国に有利な世論を形成し、日本国内の分断を図る戦略的な狙いが潜んでいるものとみられ、今後の沖縄に対する中国の動向には注意を要する。

平成28年2月の半ば、私は沖縄を訪れた。糸満市の平和祈念公園のみならず、さまざまな慰霊塔を訪れた。

平和祈念公園は県営の公園として整備されているが、激しい戦闘により日米両軍と民間人に多数の死傷者を出し、日本軍の沖縄守備軍が終焉を迎えた場所である。

中でも「平和の礎《いしじ》」は修学旅行で学生たちが多く訪れるためか、よく知られている。ここは屏風状に建てられた黒い石碑に、沖縄戦で亡くなった方々の名前が、国籍に関わらず刻まれている。その石碑の間を歩いていると沖縄戦というものがいかに悲惨なものだったかということを、あらためて強く感じる。

そして、平和の礎の少し先には「摩文仁《まぶに》の丘」があり、ここには沖縄のために戦った全国の方々の慰霊塔が建っている。摩文仁の丘の近隣を含め全国47都道府県の慰霊塔があり、沖縄戦で散華《さんげ》されたそれぞれの都道府県の関係者の霊を慰めている。

また、そこから車で10分ほどのところにある沖縄戦を戦った陸軍第24師団歩兵第22連隊の慰霊碑も訪れた。22連隊は愛媛県松山市の歩兵連隊であり、沖縄戦を戦い抜き、昭和20年6月にこの地で最期を迎えている。慰霊碑の碑文には、住民とともに勇敢に戦ったことが刻まれている。

沖縄戦では、日本中から多くの軍人、民間人が、沖縄を守るために駆けつけた。沖縄では航空機による特攻が行われたのだが、それは敵艦を攻撃するという目的に加え、民間人のサポートにもなった。特攻をかけている間は、敵の砲撃は陸地には向かってこない。その間、住民たちは身を潜めていた防空壕を飛び出し、水を汲みに行ったり食料を取りに行ったりできたのである。

しかし、戦後のいわゆる平和教育の名のもとで「沖縄は捨て石にされた」という声が上がるようになった。私も育った土地が教職員組合の強い土地柄だったためか、小学校の授業で「沖縄は、日本に見捨てられた」という話を聞かされていた。

だが、決してそんなことはない。

当時の沖縄では、軍と現地の住民とが一体になり、勇敢に戦っていた。思いをともにして戦った場所には、多くの慰霊碑や慰霊塔が残されている。

また、昭和20年1月という、まさに米軍上陸は避けられないと見られていた時期に沖縄県知事に就任し沖縄の方々とともに散華した島田叡《あきら》のような人もいる。

日本は、決して沖縄を見捨てたりはしなかった。国家の総力を傾けて沖縄戦を戦ったと言っていい。

しかし、「沖縄は捨て石にされた」に加え、「独自の王国であった」という論により、沖縄は独立すべきだという勢力がある。これらの論は沖縄の歴史を無視した発言であり、まさに国防上の重要な拠点である沖縄を混乱に陥らせることによって、国防力をそごうとしているのである。

こうした活動は、沖縄の反米軍基地運動に特徴的に見られる。ただ、過激な基地反対運動は沖縄県民の意思からは大きく離れていると私は考える。

私はこのところ年に数回、沖縄を訪れている。平成28年10月に行ったときには、米軍基地内でハロウィンパーティをやっていた。当日は基地を開放しているから、一般の方々も入場できる。基地の入口付近は入場を待つ沖縄県民の車が列をなして、大渋滞であった。米軍としては、地元の方々の基地への理解は必要だと考えているから、こうしたイベントをどんどん行って、地域住民との接触の機会を増やしていきたいところであろう。

一方、沖縄県民からすれば普段は入れない米軍基地の中で、しかも純アメリカ流のイベントを楽しめるとなれば、「体験してみよう」となる。その光景は「反基地こそが沖縄の総意」というスローガンとは全くかけ離れたものであった。

米軍基地と地元住民とが穏便に共存している地域はいくつもある。まして辺野古においては、そもそも辺野古地域を含む久志村の村長が地域振興のため、再三米軍に基地建設を要請したことで建設が始まったのである。

その後の普天間基地の閉鎖に伴う機能移転についても、住民の方々はすでに移転を受け入れている。もちろんそこに温度差はある。「積極的に受け入れる」という方もあれば、「仕方なく容認する」という方もあった。このように地元住民として受け入れているのに、基地のゲート前で違法テントを張って抗議が起きているのはなぜなのか。

平成28年2月、私が沖縄を訪れたときには、ちょうど「ジュウルクニチ」（十六日）に当たっていた。沖縄では今も旧暦に従った伝統行事が数多く残っていて、それが人々の生活の中にしっかりと根付いている。その一つであるジュウルクニチは旧暦の1月16日にあたり、「あの世のお正月」とされる祭日である。新暦では2月の15日頃になるが、この日は会社も半休、あるいは休日になるところもあるそうで、一族がご先祖様の墓前に集い、お重に詰めた料理を広げて祖先の霊を慰める。

私が辺野古の抗議活動の視察に行ったときは、まさにジュウルクニチの日だった。同行してくれた沖縄の方は「さすがに今日は、誰もいないんじゃないですかね」と言っていた。ところが現場に着いてみると、抗議活動中の人がわんさといた。今日は大事な祭日なのに、なぜお墓参りに行かないのか。私は少々面食らって、その場にいる人々に尋ねてみた。

「今日はジュウルクニチですけど、みなさん、ここにいていいんですか?」

「ん?　なんだ、その『じゅーるくにち』ってのは」

テントにいる人々のほとんどが、ジュウルクニチを理解していないようだった。

「あれ、みなさん沖縄の方じゃないんですね」

「……お前だって、沖縄の人間じゃないだろう」

こんなやりとりをしているうち、テントの中にいた名護市議の大城敬人氏があわてて出てきて「ちょっとやめてくれ」という話をされた。やめるも何もないのですが。

その後、5月に再訪したときには、すでに私の顔が知られていたのか、テントから出てきた活動家から暴行を受けるはめになってしまった（暴行した3人は平成30年1月に書類送検された）が、そのときの印象では標準語を使う人が多く、また関西弁も混じっていた。その場にいる人々の多くが県外組であるのは明らかで、さらには韓国語で書かれた垂れ幕まである、というありさまだった。

近くの商店の方に話を聞いてみると、「あのテントには辺野古の人間は一人もいませんよ」ときっぱり言う。商店のトイレを何も買わずに借りていくそうなのだが、そのうえトイレットペーパーを盗んでいってしまうとの話だった。辺野古の方々にとっても、活動家による基地反対運動は迷惑千万の状況であった。

辺野古では抗議活動が活動家のためのものになってしまっていて、活動家たちはこれまでの政府と行政と住民が積み上げてきた枠組みを破壊しようとしている。そのことに対して、沖縄の方々は決して快く思ってない。基地問題について中庸な立場を取っている人たちの間にも、そうした感覚は広がっている。

平成二十九年三月九日　参議院内閣委員会　議事録

○和田政宗君
基地反対運動に過激派が入り込んでいる形跡はあるのでしょうか。
○政府参考人（松本光弘君：警察庁警備局長）
お答えいたします。沖縄の基地反対運動を行っている者の一部には極左暴力集団も確認されていると承知しております。

もちろん、基地があるからこその負担はある。米軍機による騒音などは、最も大きなものであろう。これは住民の置かれた状況を踏まえ、改善に向けた努力を続けていかなくてはならない。

ハロウィンパーティをたくさんの地元の方々が楽しむ、また米軍軍属の方から英語を教わって、相互理解を深めようという活動をしている方もいる。

白か黒かという話にせず、歩み寄り、改善を求める。もちろん、意見が割れるということはあるが、すべての沖縄県民が、米軍基地を拒絶しているわけではない。

沖縄の現実を自分自身の目で見るにつけ、「反米軍基地が沖縄の総意だ」などという言葉はかけ離れていると実感している。

基地反対運動に入り込んでいる勢力は護憲派とも結びつく。しかし、このまま国防力の強化が進まず中国の拡張政策が強まれば、真っ先に影響を受けるのは沖縄である。沖縄こそ現在置かれている状況に目覚め、どうやったら沖縄を守れるのか、憲法改正にしっかり向き合わなくてはならない地域であると考える。

日米同盟の意味

沖縄の基地に見られるように、大東亜戦争が終わり、アメリカによる占領が終わった後も、米軍は日本に基地を置き、米国の世界戦略を担うとともに、日本の防衛にも寄与してきた。

しかし、私は日本国は日本人の手で守るのが本筋だと考えている。だが現状においては米軍基地や米軍の強大な軍事力は日本を守る防衛力の一部となっている。だから、いきなり在日米軍基地をゼロにするということはできない。沖縄の米軍基地をはじめとして段階的な縮小を経ていくというのが、最も現実的であろう。

なお現在において米軍の能力を自衛隊がすべて代替するとなると、防衛費は20兆円になるとの試算がある。現在の防衛費の4倍であり、とても出せる金額ではない。

米軍の即応能力や抑止力は日本にとって極めて大きい。この北朝鮮危機にあたっても、グアムの米軍基地に配備されているB－1B爆撃機やB－2爆撃機、各種ステルス戦闘機は大きな力となっている。これらの軍用機は三沢基地や嘉手納基地に飛来し、日本を守るという断固たる意志と北朝鮮に対する力の誇示を行っている。

北朝鮮が暴発し日本への攻撃が行われたり、尖閣に中国が軍事力を行使した場合に米軍は守ってくれるのかどうか、といった意見がある。これに対しての答えは、日本が自らの手で断固として国を守り、取られた領土は取り返すという意思がなければ米軍はサポートしないということである。

「日本は何もしなくても米軍は日本を守ってくれる」というのは全くの幻想であり、日本は日本人の手で守るという意思があってこそである。

だからこそ憲法改正によって、国を守るための方法を明記し、国内外に断固として国を守る姿勢を明らかにすることが重要なのだ。

日本を守るために核武装が必要か

まず申し述べておきたいのは、現行憲法でも核武装は可能だということである。しかし、私は核武装の議論をしてもよいとは思うが、現状で核武装をせずとも通常兵器で抑止力を高められると考えており、核武装には反対である。

私は核武装については、あくまでも最終手段であると考えている。核兵器を含めた世界の軍事バランスや、世界で唯一の戦争による被爆国である日本の国内世論を踏まえても、現在の状況で日本が核武装に向かうべきではないと考える。今は日本の国防の弱い部分を日米安保条約が担保しており、アメリカの核の傘によって日本の安全が守られているわけだが、日本が直接的な核武装を行うことには、きわめて慎重であるべきだ。

ただ、日本は「いつでも核兵器を作れる」国であることの前提のもと核武装を議論することは、北朝鮮などの国に対して一定の抑止効果をもたらすかもしれない。

日本は、核の平和利用を通じて、核を扱うノウハウを持っている。また、高い打ち上げ実績を誇るH2Aロケットなどのロケット技術を持っている。この二つをもってすれば「核弾頭搭載の大陸間弾道ミサイル（ＩＣＢＭ）すら作れる」ということになる。

もちろん、そんなものは作りはしない。あくまで核兵器は最終手段であり、核兵器でない抑止力を構築しなくてはならない。

核に代わる抑止力は何か。それは巡航ミサイルである。高性能の巡航ミサイルを１００発ほど配備すれば、それでかなりの抑止力になる。

ジェットエンジンで推進する巡航ミサイルは、弾道ミサイルと違って低空を飛行できる。そのため相手方のレーダーで捕捉することが難しく迎撃しにくい。高精度の誘導装置で、数メートル単位で狙いをつけることができる。実際に、アメリカの巡航ミサイル「トマホーク」の命中精度は、そのレベルにまで高められているし、日本の独自開発となればさらにそれ以上の誘導精度となる。

巡航ミサイルは発射機が多様である。陸上からでも艦上からでも、さらに潜行中の潜水艦からでも発射することができる。

巡航ミサイルはどういう抑止効果をもたらすか。例えば、日本が攻撃を受けたなら、その攻撃を指示したであろう相手国のトップの執務室にピンポイントでミサイルを撃ち込める。命中誤差が数メートルとあっては、逃れる術はない。通常の思考能力があれば日本へのミサイル発射は躊躇する。

当然、軍事基地への攻撃もピンポイントで可能である。最初の一発を受けたとたんに、相手国のミサイル基地をはじめとする軍事基地に巡航ミサイルを撃ち込み、機能不全に陥れる。

日本が核を手にすることなく、確実な抑止力と反撃力を持とうとすれば、現状ではこれが最善の策なのではないだろうか。

トマホークは米軍から買えば1発1億円前後。これを300発装備しても300億円である。最新鋭の戦闘機1機が百十億円かかることを考えると、防衛装備品としては安価の部類と言える。

平成29年末になり、平成30年度以降の巡航ミサイル導入が発表された。しかし、あくまで島嶼《しょ》防衛などにおいて使用する軍用機搭載型の空対地ミサイルであり、敵地攻撃能力を持つものではないという前提になっている。敵地攻撃能力を持つとなれば、「専守防衛の範囲を逸脱する」「周辺国を刺激する」などの理由で騒ぐ勢力がおり、今回の空対地ミサイル導入決定についても早速騒ぎ始めている。しかし、今や「周辺国への配慮」などという呑気なことを言っていられる状況ではない。日本国を守り、日本国民を守るために何が必要なのかを真剣に考え、行動していくべきである。

どうすれば、国土と国民の命と生活を守れるか

ここまで中国や北朝鮮の脅威を見てきたが、そもそも現行憲法においてわれわれは何ができるのか。

日本国憲法においてわが国の防衛のために持てるのは「必要最低限度の実力」であると解釈されている。そして、専守防衛であるから、わが国を攻撃するために相手国から飛んできたミサイルを繰り返し撃ち落とさなくてはならない。ミサイルが飛んでくる→撃ち落とす。またミサイルが飛んでくる→撃ち落とす。この繰り返しである。

普通の国であれば、ミサイルを撃ってくる基地自体を攻撃する。しかし、日本はその能力を保有してこなかった。

その理由として、実は現行憲法上でも敵基地攻撃能力の保有は可能なのだが、それが必

要最小限度の実力にあたるかの議論が起きるからだ。しかし、飛んできたミサイルを撃ち落とすだけというのは、根本的な解決にならない。

〔敵基地攻撃能力保有が現行憲法でも可能か～国会質疑より〕

平成27年8月19日「我が国及び国際社会の平和安全法制に関する特別委員会」

○和田政宗君

相手国の基地よりミサイル攻撃をわが国が受けた際、再び相手国の基地からわが国に向けミサイル発射が行われようとしているときに、わが国が巡航ミサイルで敵基地を攻撃することは法理上可能でしょうか、憲法上可能でしょうか。

○国務大臣（中谷元君：防衛大臣）

敵基地攻撃についての従来からの考え方は、法理上、つまり法的な理屈の上では新三要件*のもとでも変わりがなくて、誘導弾等による攻撃を防ぐ他の手段がないと認められる限り、敵基地を叩くことは自衛の範囲に含まれて可能でありますが、ただし、わが国は敵基地攻撃を目的とした装備体系を有しておらず、また個別的自衛権の行使としても敵基地を攻撃することは想定をしておりません。

＊「武力の行使」の新三要件：２０１４（平成26）年7月1日の閣議決定において、憲法第9条のもとで許容される自衛の措置について、次のとおりとされました。
○わが国に対する武力攻撃が発生したこと、またはわが国と密接な関係にある他国に対する武力攻撃が発生し、これによりわが国の存立が脅かされ、国民の生命、自由および幸福追求の権利が根底から覆される明白な危険があること
○これを排除し、わが国の存立を全うし、国民を守るために他に適当な手段がないこと
○必要最小限度の実力行使にとどまるべきこと
（防衛省・自衛隊　http://www.mod.go.jp/j/approach/agenda/seisaku/kihon02.html）

若干まどろっこしい答弁ではあるが、**政府の公式見解として敵基地攻撃能力の保有は憲法上可能**ということであり、今すぐにでも踏み出すべきだと私は考える。

それはやはり、飛んでくるミサイルを確実に撃ち落とせるとは限らないからだ。例えば東アジアのある国からミサイル１発がわが国に向けて撃たれた場合に撃ち落とせる可能性は「ほぼ１００％」である。

ここまで話せばお気づきの方も多いと思うが、撃ち落とせる可能性は「１００％」ではなく「ほぼ１００％」である。ということは撃ち漏らす可能性もある。さらに、３、４発を同時に撃たれた場合には、その確率は物理的にも下がる。

また、迎撃するための装備が足りているのかという根本的な問題もある。ミサイル数発であれば対応できるが、100発も200発も間髪を入れずに飽和攻撃で撃たれた場合に、SM－3やPAC3などの迎撃ミサイルの数は十分なのかという点である。実際の弾数は高度な防衛機密なのでわからないが、防衛予算を見ていると「撃ってくるかもわからないミサイルの数に応じた迎撃ミサイルは応分の数があればよい」となっている節がある。

やはりそこで重要になってくるのが敵基地攻撃能力である。これは、わが国に対してミサイルが撃たれた場合の確実な反撃力であり、抑止力につながる。

つまり敵基地攻撃能力を持てば、これまではわが国に向けミサイルが撃たれた場合に、わが国は撃ち落とすだけだったが、根源である相手国のミサイル発射基地を叩くことができるようになる。

日本は現在、敵基地攻撃能力を持つトマホークなどの巡航ミサイルを保有していない。そして、相手国を攻撃して戻ってくるだけの航続距離のある戦闘機を有さない。

私は、この点について国会審議において繰り返し、抑止力としての敵地攻撃能力を持つことの重要性を問うてきた。ようやく平成30年度予算案において戦闘機発射型の巡航ミサイルの導入が決まった。

私はさらに、敵基地攻撃能力を有するトマホークの配備も進めるべきであると考える。イージス艦発射型迎撃ミサイルSM－3が1発20億円するのに対しトマホークは1発1億円で、どちらが安価であり抑止力として効果的かは一目瞭然だ。

自衛隊の艦船は、ミサイル発射装置のマイナーチェンジで、米国製トマホークを搭載、発射することができる。また、日本は巡航ミサイルに使える精度の高い攻撃目標誘導技術を有しており、独自開発という手段もある。

いずれにせよ、日本がこれだけ舐められるのは、日本を攻撃しても必ず反撃してくると恐れる必要がないため、日本ほどちょっかいを出しやすい国はないからである。

この状況をどれだけの国民が正しく認識しているのだろうか。

そして、政府も与党も正しく現状を捉え、反省しなくてはならない。

「日本に向けられたミサイルが着弾するかもしれないので回避行動を取って下さい」と政府が呼びかけるのは、まさに先の大戦末期に制空権を失った日本の状況と同じである。

政府としてもそのようなことを国民に呼びかけることは、本来「恥ずかしい」と思わなくてはならない。国土と国民を守ってこその政府だからである。

諸外国であれば、こうした状況になれば国民が「国民を守れ」と反政府運動や倒閣運動を起こすかもしれない。

国民はまさに今が、第二次大戦末期に日本が空襲を受けているときと同じような状況であることを認識しなくてはならないのである。女性や子供が空襲の中、逃げまどうあの悲惨な状況を決して繰り返してはならない。

「正常化の偏見」という言葉がある。災害時の避難行動でよく使われる用語だが、「自分の目の前に危機が迫るまでは遠いどこかのこと」と考える思考や、危機が目の前に迫っていても「自分だけは大丈夫」と考える思考のことを言う。

日本国憲法は「平和憲法」だという刷り込みのもと、憲法前文にあるように、平和は自らが切り開くものではなく、諸国民（諸外国民）の公正と信義によって成り立つので、受け身で大丈夫だと考えてはいないか。平和は望むだけで保たれると思ってはいないか。

平和を希望的観測で望むだけの非武装中立国がどうなるかは、先述のルクセンブルクの事例が明らかにしている。（→027ページ）

第一次大戦も第二次大戦でもルクセンブルクはドイツの侵攻と占領を受け、そしてルクセンブルクは第二次世界大戦後、軍備を保有しＮＡＴＯに加盟した。平和を守るためには、国民に一人ひとりが自ら考え、必要な措置を取らなくてはならないのである。

自衛隊の規定をなぜ憲法に盛り込むのか

今、わが国を守るために必要なことは何なのか。それはやはり自衛隊の存在を憲法に明記することであると私は考える。ここまで見てきたように、日本国憲法には誰が国を守り国民を守るのかが全く明示されていないからだ。

「現在の９条ですでに自衛隊は合憲なんだから明記する必要はないじゃないか」と言う人もいる。しかし、憲法に国を守る手段が書いていないこと自体が憲法としていびつであり、これを明記することによって是正する必要がある。

諸外国に対しても、「日本は自衛隊によって守る」と宣言することは、国を守る本気の意思を憲法上でも示すことになる。日本国憲法においてはその覚悟があるかどうかがこれまでわからなかっただけに、ちょっかいも出しやすいと見られていた。

しかもいまだに、「自衛隊は違憲である」という憲法学者は多くいる。新聞のアンケート調査などでは、約7割が「違憲もしくは違憲の恐れがある」と回答している。

これは憲法に明記することで解決される問題である。わが国を守るために厳しい国防の任務にあたっている自衛隊員の地位が憲法上宙ぶらりんであるのは忍びない。

「自衛隊は違憲である。憲法上疑義があるがいざというときは戦え」(共産党などの主張)というのは、あり得ない主張である。憲法上しっかりと自衛隊を明記し、自衛隊員に誇りを持って任務にあたっていただくのは国防力の強化の面でも非常に重要である。

そのために、憲法9条に3項などで自衛隊を明記する憲法改正を行う必要性があるわけだが、平成29年5月3日に安倍首相は「美しい日本の憲法をつくる国民の会」にビデオメッセージを寄せ、9条に自衛隊を明記する案を「国民的な議論に値する」と示した。

5月3日の首相のメッセージについて驚いた方も多かったと思うが、これは実は、憲法改正の議論の流れを大きく転換させる意図があった。

それまで、「美しい日本の憲法をつくる国民の会」や「日本会議」での改憲議論は、最初の憲法改正項目として緊急事態条項創設に取り組むという流れだった。

しかし、首相の考えは違った。現行憲法で一番の不備である9条にやはり第一に取り組まなくてはならないと考えていた。さらに、「憲法改正の第一弾は国民の心にしっかりと訴えるものでなければならない」という考えであった。

緊急事態条項改正では、憲法改正反対派（護憲派）の運動により国論が二分される恐れがある。

緊急事態条項が最初の改正項目だと動き始めていた日本会議などの議論をもう一度9条の議論に戻すために、インパクトのある5月3日の場を使ったのである。

これは大きな効果をもたらした。美しい日本の憲法をつくる国民の会も日本会議も、やはり9条に自衛隊を明記することにまず取り組もうという流れになった。自民党内の議論においても9条3項加憲を意識した流れが主流となった。

自衛隊に対してよい印象を持っている国民は、平成26年の内閣府の世論調査では92％にのぼる。

まさに今、自衛隊の存在や自衛権を憲法に明記することが、国防上必要なことであり、多くの国民の支持を得られ、憲法の不備を補うことになるのではないか。

自衛隊の規定を憲法に盛り込むだけで十分なのか

もちろん憲法9条3項加憲、自衛隊明記ですべてが解決するのかと言えばそうではない。関連する自衛隊法の改正が必要になる。

自衛隊は国を守るための部隊であるわけだが、現在、自衛隊には軍法会議がない。例えば国防にあたって、戦闘の中で民間人を誤射し殺害してしまった場合には、刑法の殺人罪によって裁かれるという、各国の国防軍や軍隊ではあり得ないことが起きる。

この軍法会議も憲法を改正し、規定しなくてはならないとの意見がある。憲法第76条第2項が特別裁判所の設置を禁止しているからだ。

しかし、海難審判制度が日本にはあり、これに準じた枠組み、軍法審判所を作ることは法律によって可能である。憲法第76条第2項により、行政機関が終審として裁判を行うことはできないので、海難審判のように裁判所へ上訴できるようにすればよいのである。もちろん、憲法を改正し、軍事裁判所を設置する方法もある。

また、ネガティブリスト、ポジティブリストの問題もある。諸外国の軍隊は、交戦規程（ROE）において、最低限やってはいけないことを明記する「ネガティブリスト」になっている。これは戦闘において、さまざま想像し得ない事態が想定されるため、最低限やってはいけないことを記し、それ以外のことは適宜適切に判断してできるようにしているのである。

一方、自衛隊はその成り立ちからも警察組織の延長であるため、「ポジティブリスト」を取っている。すなわちやれることが明記されている状態であり、明記されていないものはできないのである。

例えば、相手からの攻撃を受けて戦闘に陥った場合、どんな反撃ができるのかはリストに載っているものだけであり、それ以外のことはできない。これでは臨機応変に対応できない。

憲法9条3項加憲で終わりではなく、自衛隊が国防軍（国防部隊）として機能できるような法改正やさらなる憲法改正が必要である。

国民の命と生活を守るために国会ができること、国民ができること

ここまで、真に国土と国民を守るために現行憲法は十分なのかを見てきたが、そもそも憲法は改正を行ってはならないものではなく、改正してよくしていくべきものである。

現行憲法で国民の命と生活を守れないのであれば、守れるように改正をするのが当たり前である。

「憲法を変えるべき」という意見に対する、「変えるべきではない」という意見は、まさに「神学論争」になっている。つまり、「必要に応じて変えるべきだ」という勢力と「絶対に変えてはならないのだ」とする対立勢力の間で、結論の出ない議論だけを続け、実体としては何も進んでいないのである。

そんなことは各国を見てもあり得ず、いわゆる護憲派と呼ばれる人たちは、真に国民のことを考えるならば、「どの部分を変えて、どの部分を変えてはならないのか」を明示すべきではないだろうか。

世界各国の憲法が改正を繰り返す中、日本国憲法は全く改正されない最古の憲法となっている。（→次ページ参照）

もし仮に、今の日本を取り巻く厳しい国際環境の中でも、現行憲法で国民を守れるのであれば改正は必要ないのかもしれないが、現実的にそういう状況ではない。やみくもに「憲法を守れ」と言って、国民の命と生活を守れなかったときにどうするのか。

今、国民にとって悩ましいのは、野党側の憲法に対する姿勢が不安定であり、憲法論議が深まらないという事実である。

例えば、平成28年の参議院選挙では、いわゆる安保法制の廃止を掲げて野党が共闘した。そのとき、共産党は民進党と手を組む中で「自衛隊は違憲だが、将来の自衛隊の解消は国民としっかり話し合って考えていく」という姿勢を打ち出した。非常におかしな話である。共産党は「自衛隊は憲法違反」との前提のもと、党の綱領に「自衛隊の解消」を明記している。

自衛隊については、海外派兵立法をやめ、軍縮の措置をとる。安保条約廃棄後のアジア情勢の新しい展開を踏まえつつ、国民の合意での憲法第9条の完全

各国憲法の制定年（～1940年代）と改正の実際（西修氏作成2017年4月末日更新）

国名	制定年	改正の実際
アメリカ	1787	1992年5月までに18回、27か条の追補
ノルウェー	1814	頻繁（400回以上とも、近年改正2014年［大改正］、2015年）
ベルギー	1831	頻繁（1996年3月～2012年7月までに29回改正）
ルクセンブルク	1868	2009年3月までに34回改正
オーストラリア	1901	1977年5月までに8回改正
メキシコ	1917	2017年2月までに225回改正（のべ687か条）
オーストリア	1920	頻繁（近年改正2012年［5回］、2013年［4回］）
リヒテンシュタイン	1921	2003年3月までに25回改正
ラトビア	1922	2013年まで12回改正
レバノン	1926	2004年9月までに11回改正
アイルランド	1937	2015年5月までに29回改正
アイスランド	1944	2002年までに7回改正
インドネシア	1945	1959年に復活、2002年8月までに4回改正（のべ71か条）
日本	1946	無改正
中華民国	1947	2005年6月までに7回改正（うち1回は無効判決）
イタリア	1947	2012年4月までに20回改正（のべ49か条）
ドイツ	1949	2015年1月までに60回改正（のべ201か条）
コスタリカ	1949	2003年7月までに54回改正（のべ83か条）
インド	1949	2015年8月までに100回改正

【参考】

＊フランス（1958）　2008年7月までに24回改正。2008年7月の改正は全条文の約半分の47か条におよぶ大幅なもの。

＊スイス憲法は、2000年1月1日に新憲法が施行されたが、2014年12月までに27回改正。旧憲法は1874年に制定。1999年までに約140回改正。

＊フィンランドは2000年3月1日に新憲法が施行されたが、2011年末までに7回改正。

＊日本国憲法は、世界の成典化憲法保有189か国中、古いほうから14番目、無改正。

＊非成典化憲法国：イギリス、ニュージーランド、サウジアラビア、イスラエル、リビア、サンマリノ、バチカンの7か国。

実施（自衛隊の解消）に向かっての前進をはかる。

（日本共産党綱領　http://www.jcp.or.jp/web_jcp/html/Koryo/）

それなら「自衛隊は違憲だから、即時廃止すべき」と主張するのが筋であろう。そうでなければ、自らが言う違憲状態を放置することになり、主義主張を曲げることになる。しかし、共産党はそれを行った。

また、平成28（２０１６）年当時の民進党の中にも憲法改正派と護憲派がおり、憲法についての主張は非常にあいまいなものであった。

現在の政党はどうであるか。立憲民主党は代表の枝野幸男氏が平成25（２０１３）年に憲法改正私案を発表しているが、立憲民主党の議員のほぼすべては護憲派であり、憲法改正についての議論は党内において避けられている。

一方、希望の党においては憲法改正派が多く、どのような姿勢で憲法改正に臨むのか党内の意見集約を注視したい。（平成30年1月執筆現在）

憲法改正は国会が発議しなければ国民投票にならない。国会がやるべきことをせず国民の意思を問わないのであれば、国民は声を挙げ、選挙によってその状況を変えるべきであろう。国防は国民自らの暮らしに直結する。**国民が、選挙において政治家が憲法や国防を語る環境を醸成することや、国民自らが積極的に発言することも重要であろう。**

「お上がやってくれる」という国民意識では、国を守り、暮らしを守ることにはつながらないし、北朝鮮から飛来するミサイルがただ怖い怖いと言っているだけでは何も始まらないのである。

憲法第9条をどう改正すべきか

私は、最終的に9条全体を「改定」すべきと考えている。

「国家固有の権利として自衛権を保持し、自衛のための軍その他の戦力を保持する。」などとすべきであると考える。

しかし、まず第一段階としては、やはり安倍首相が「国民的な議論に値する」と述べた9条3項などで憲法に自衛隊を明記する方法が妥当ではないだろうか。

これは憲法上宙ぶらりんである自衛隊の存在を憲法上保障するための妙案である。自衛隊の存在の明記は、わが国を守る手段が書かれていないという憲法の不備を補うものであり、国内外にわが国は自衛隊によって断固として守り抜くことを明らかにすることにつながり国防力も増す。

さらに、加憲を主張する政党も乗ることができる案ではないかと思うし、そもそも既に存在し国民的支持の高い自衛隊を憲法に明記することについては国民の多数の賛意が得られるはずである。

現在（平成30年2月）、自民党では憲法改正推進本部において、

①9条1項2項を維持したうえで自衛隊を明記すべき
②9条2項を削除し、自衛隊の目的・性格をより明確化する改正を行うべき

との意見をもとに議論が進んでいる。

また、これに加え「自衛権の発動を妨げない」ことを9条3項に明記すべきではないかという意見も出ている。

これは、平成24年に出された自民党の憲法改正草案にも合致するものである。

〔自民党憲法改正草案〕

第九条　日本国民は、正義と秩序を基調とする国際平和を誠実に希求し、国権の発動としての戦争を放棄し、武力による威嚇及び武力の行使は、国際紛争を解決する手段としては用いない。

2　前項の規定は、自衛権の発動を妨げるものではない。

自民党内の議論も含めた9条2項改正論は、「9条3項加憲だと、1項2項により制限がある部分に結局、憲法上引きずられるのでは」という点からである。それは、「戦力の不保持」と「交戦権の否認」の部分である。

〔日本国憲法〕

第9条　日本国民は、正義と秩序を基調とする国際平和を誠実に希求し、国権の発動たる戦争と、武力による威嚇又は武力の行使は、国際紛争を解決する手段としては、

2　永久にこれを放棄する。
前項の目的を達するため、陸海空軍その他の戦力は、これを保持しない。国の交戦権は、これを認めない。

9条2項改正論は私は正論であると思う。ただ、1項、2項が存在する今も自衛隊は合憲であるとの解釈をしており、あくまで改正の第一段階ではしっかりと自衛隊や自衛権を明記することが重要であると考える。

その際には、1項、2項と齟齬のない自衛隊の運用にはなる。

しかし、これをクリアにする方法は実はある。

それは、現行憲法制定時の芦田修正論に政府の憲法解釈を変えることである。政府は芦田修正論を今は取っていない。

芦田修正とは、現行憲法制定のための議論が行われた昭和21年の衆議院における小委員会において芦田均委員長が提起し、憲法に書き込まれた部分である。

芦田修正は9条2項の「陸海空軍その他の戦力は、これを保持しない。国の交戦権は、これを認めない」とある冒頭に**「前項の目的を達するため」**を追加した。

衆議院に提出された政府案の9条2項では、「陸海空軍その他の戦力」は、どんな場合でも保持してはならないと解釈される。これに、「前項の目的を達するため」の語句が挿入されることで、戦力の不保持が限定的になる。

すなわち1項で放棄しているのは、「国際紛争を解決する手段」としての戦争や武力行使であって、侵略を目的とする戦争や武力行使であるのだという解釈になる。

2項に「前項の目的を達するため」が加えられたのは、侵略行為をしないという目的のために戦力を保持しないこととなり、自衛という目的のためであれば戦力を保持することは可能であるという解釈が導き出される。

実際、芦田氏は、昭和32年12月5日、当時、内閣に設けられていた憲法調査会で、以下のように証言している。

「私は一つの含蓄をもってこの修正を提案したのであります。『前項の目的を達するため』を挿入することによって原案では無条件に戦力を保持しないとあったものが一定の条件の下に武力を持たないということになります。日本は無条件に武力を捨てるのではないということは明白であります。そうするとこの修正によって原案は本質的に影響されるのであって、したがって、この修正があっても第9条の内容には変化がないという議論は明らかに誤りであります」

（憲法調査会「憲法調査会総会議事録　第7回」昭和32年12月4・5日）

しかし、その後の歴代内閣は、この芦田修正を考慮に入れた解釈をしていない。2項を全面的な戦力不保持と解している。自衛隊を「戦力」と言わず、「自衛のための最小限度の実力」と説明しているのはこのためである。

私はこの芦田修正論に政府の憲法解釈を変えるべきであると考える。発案者である芦田均が明確にそう述べており、それを国会で可決し現行憲法は制定されたわけであるから。

いずれにせよ、自衛隊や自衛権を日本国憲法に明記することは、近隣の国際情勢が緊迫していることを鑑みれば、速やかに行うべきであり、自民党内において平成30年中に一本化し、各党にも提案の上、多くの賛同を得て発議につなげなくてはならない。そして、国民投票により、平成31年中（2019年中）には憲法改正を行うべきではないだろうか。

自衛隊の国際貢献をどうすべきか

憲法改正時の条文に入れるかの議論が必要であり、条文として明示しなくても議論しなくてはならないのが自衛隊の国際貢献である。

自衛隊による国際貢献は、世界からはとても歓迎されている。反対する国は、わが国の周りのごくわずかの国だけである。

自衛隊の国際貢献で最も多いのはＰＫＯへの参加である。自衛隊は紛争地域に出ていくことはできず、復興支援などに限られる。国連の平和維持活動が、治安維持をはじめとするＰＫＦとしての要素が強まる中、果たして日本としての貢献をどこまで行うのかはしっかりと議論をしなくてはならない。

さらに自衛隊の国際貢献で象徴的なのは、やはり掃海活動である。海にまかれた機雷を除去する作業で、非常に危険を伴うが、自衛隊の掃海能力は世界的にも群を抜いており、世界一の実力を持っている。そのため自衛隊に対する世界の期待は、とても大きなものがある。

安保法制の成立は、海外で掃海活動を行う日本の貢献や、わが国そのものの生存を守るうえで大きく道を開いた。自衛隊の掃海活動の想定海域としては、中東のホルムズ海峡というのが一般的な認識であったが、わが国のシーレーンであり重要な南シナ海でも活動が可能となった。

安保法制の審議の中で、私の質問に対し安倍首相は「南シナ海は想定しにくいが、要件に当てはまれば対応していく」という答弁を行った。つまり、自衛隊の南シナ海での活動を排除するものではないというものであった。

この答弁は実は大きい。みなさんご存じのとおり、南シナ海での中国の拡張政策は目に余るものがある。自国の領土だと主張して始めた国連海洋法条約に違反する人工島の造成はすっかり進み、地上設備並びに滑走路を作り、軍事基地化を行っている。（→038ページ）

現在、米軍により「航行の自由作戦」が行われ、中国の国際法を無視した南シナ海の制海権や制空権を押さえようとする動きを牽制《けんせい》しているが、中国が南シナ海を完全制圧しようとするなら、考えられるのは機雷敷設である。

中国では軍の艦船だけでなく、民間の漁船までも機雷をまく訓練をしていることは既に述べた。これらの艦船を動員して南シナ海の航路周辺に機雷をばらまいておき、そのうえで制空権を押さえる。こうなれば、他国は手を出せなくなる。

南シナ海は日本にとっても重要な海域であり、中東から日本へのタンカーはここを通るから、封鎖されてしまったら日本としては危機的な状況に陥る。平時や停戦時はもとより、集団的自衛権行使のための要件である「存立危機事態」が成立したなら、海上自衛隊により掃海活動を行う。

中国艦船がまいていった機雷を、片っ端から掃海艇で取り除いていくのである。こうなると、中国としても海域を押さえることができない。

南シナ海は日本だけでなく、南シナ海に面する諸国にとっても大事な海域であるから、その安全が日本の自衛隊によって保たれることは国際貢献という点で大きく、実際に周辺諸国の期待も高い。

中国が覇権主義をあらわに拡大路線をひた走る状況では、複数国の連携によって地域や海域の安全を確保することを考える必要がある。また日本としても、もちろん法の許す範囲内であるが、日本ができること、日本に期待されていることについてきちんと検討し、国際貢献を果たしていくべきだろうと思う。

「国連幻想」は捨て、わが国はしっかりわが国で守る

現在の国際社会において、国連は紛争処理や難民対策、貧困対策に関して大きな役割を果たしている。しかしながら、あくまで利害調整であり「五大国」の意思は一致しないことが多く、強力な力を発揮できないことも多い。

過去に、日本における軍は国連傘下の軍とするという論を述べた方もいたが、そもそも日本語訳で「国際連合」となってはいても、国連とは「UNITED NATIONS」であり、これは第二次大戦中の「連合国」を指す。

常任理事国で拒否権のある「五大国」は、連合国側のいわゆる戦勝国である。だからこそ第二次大戦での枢軸国を今も敵国として認識する「敵国条項」が残っている。

ドイツや日本、イタリアは先の大戦で敗れた国だが、その後は大いに復興を遂げ、経済的にも繁栄した結果、それぞれがG7の一角を占めるまでに成長した。これらの国々を主要メンバーに加え、将来に向けた組織として一から作り替えるべき時期に来ているだろう

と思う。

日本では「国連」と言うと、何やら世界政府のような印象が強いかもしれない。確かに安全保障理事会は、その決定によって多国籍軍を組織し、軍事行動を起こすこともできる。しかし国連そのものを見てみれば、世界政府からは程遠いし、そこまで強い力は持っていない。

自国は自国の力で守り、ときに同盟国の力を借りる。国連への異様な幻想はやめるべきである。日本は日本の手で国防を切り拓いていかなくてはならない。

私は戦争反対論者であり、戦争そのものを否定する立場である。そのうえで述べるが、日本が国家として戦争で敗北を喫したのは、唯一、大東亜戦争におけるアメリカに対してのみである。そのただ一度の敗戦という経験に対して、日本はあまりにも卑屈になり、それによって自己否定にとらわれすぎではないだろうか。

繰り返し述べてきたが、ひとえに重要なのは真に国と国民を守るために何をするのかである。

メディアと国民投票と憲法

国会において憲法改正の発議がなされると、いよいよ国民投票となる。護憲派のさまざまな発信による改憲阻止の動きが出てくるであろう。また、憲法改正に反対する一部メディアもそれに呼応するだろう。

国民のみなさまには、さまざまな情報にふれ、賢明なご判断をいただきたいと考える。

メディアは憲法改正の国民投票という歴史上初めての出来事にどう臨むであろうか。産経新聞や読売新聞は憲法改正についての草案や要綱をまとめているので、論点を整理しながら記事を書き、国民に材料を提供するであろう。

ただ、私が危惧しているのは、昨今一部新聞社を中心に異常なバイアスをかけた報道がなされることだ。特に平成29（２０１７）年は、新聞のバイアス記事が、結局事実ではないと証明された事例があった。やるべき事実の検証を行わず、一人の証言のみを拠りどころにした記事などである。

「安倍政権を追いこむ」など、まず追及することや疑惑を作ることありきで、ほとんど関係ない事実を無理やりつなぎ合わせたり社説などでバイアスをかけたりする手法は極めて危険である。

もし疑惑があるのなら、あくまで事実の積み上げによって追及すべきである。

過去、満州事変において若槻内閣の事態不拡大方針を、東京朝日新聞など新聞各社はこぞって弱腰であると批判し世論を作っていった。

このときは軍事状況についての報道規制もあったが、やみくもに新聞各紙は関東軍などの行動を支持して若槻内閣の批判を続け事態拡大をあおった。戦争や事変は、新聞の販売拡大にもつながったからである。

当時の満州での治安状況の悪化阻止や満州族の独立などの視点はもちろん重要であり私も必要性を感じるが、満州事変においての新聞各社は丹念な検証からの必要性というよりも、まず突き進んだ関東軍などの行動を支持するという結論ありきの論調であった。

まず結論ありきの論調は危険である。

こうした過去に新聞社は学んでないのだろうか。一部新聞は戦前の批判をよくするが、自分たちの過去は学んでないのだろうか。

私は平成29（２０１７）年を「メディアが死んだ年元年」と名付けているが、メディア各社はこの年の報道のあり方をしっかりと振り返り、事実にもとづいた正確な報道を心がけるべきではないだろうか。

憲法改正国民投票という大きな出来事を前に、メディア本来の役割を直視してほしい。

一方、国民はどうであるか。

私はインターネットメディアの普及が極めて大きいと考えるし、国民投票にあたってもさまざまな情報をネットでも仕入れるのではないかと考える。

国民は、平成29年の東京都議選でメディアによる「切り取り」を目の当たりにした。「アンチ安倍」の集団をことさら大きく取り上げたが、「アンチ安倍」は人数の少ない一部の集団のみであった。

これに対し、自民党支持者は、「反安倍」の意見だけが取り上げられた苦い経験に学び、平成29年10月の衆議院総選挙期間中、「頑張れ自民党」「安倍総理支持」というプラカードを掲げて大いに応援を行った。

選挙期間中、テレビは中立公平な報道をしなければならないので、「アンチ安倍」を取り上げるなら、安倍政権を支持する意見も取り上げざるを得ない。自民党支持者はメディアの動きから学び、都議選の悪夢の再現を阻止したのである。

一部メディアが続けるバイアスのかかった報道に、多くの国民が疑問を抱き始めている。十代、二十代は特に自民党支持者の割合が高いが、彼らはネットで情報を集めて真実を知ろうとしている。今まで積み上げてきた自民党政権の実績から、政権を任せることができるのは自民党しかいないという結論に達したのではなかろうか。

私も、左に偏った学校教育を受けていたので、小学校五年生にして「この教育はおかしい」と思い、事実の収集を始め、その結果、現在の保守的な思想に目覚めた。

今、メディアの情報に惑わされることなく真実を追究している若者が社会人になり、日本を支える層になったとき、きっと日本のメディアの体質も変わると期待する。

そして、間もなく訪れる憲法改正の国民投票にあたっても国民のみなさまは賢明な判断をしてくださると確信している。

第二章

憲法「改定」の目的と国のかたちを考える

そもそも国にとって憲法とはどういう意味を持つものか

第一章では「今、そこにある危機」を意識しながら、なぜ今、憲法改正が必要なのかを考えてきた。第二章ではまず「憲法とは何か」を考えてみたい。

憲法とは、欧米的な考えでは国家権力を縛るものであるわけだが、日本では憲法制定にあたり、そもそもの考え方が違った。

大日本帝国憲法の制定過程では、国のあり方を、天皇陛下を戴くわが国の歴史や文化にもとづき、どのように憲法に記すか、熟考に熟考が重ねられた。

そのため、**わが国では、「国づくりや国のあり方を記すのが憲法である」という意識が本来強い。**

なぜ欧米とわが国で意識の違いがあるのか。これは、国の歴史がそうさせている。

ヨーロッパにおいては、王朝が何度も交代し王を倒したものが王となってきた。そして、その王は国民を支配し、国民から搾取することも多く、ルイ14世のように贅を尽くした。

一方日本はどうか。仁徳天皇の「民のかまど」のエピソードのように、天皇は国民とともにあった。国民の暮らしの豊かさと安寧《あんねい》を望み祈り続け、仁徳天皇の例のように国民が豊かになるのであればつつましい生活で構わないとするのが歴代の天皇陛下であった。

「民のかまど」の話とはこうである。

仁徳天皇がある時、皇居から都の様子を眺めていたが、食事時だというのに、家々から炊煙が立ちのぼっていないことに気づいた。「これは、民が貧しくて炊きものすらできないためではないか。都がこのありさまでは、地方はなおさらひどいことだろう」。

そうおっしゃり、向こう3年間の税を免除なされた。そして天皇自ら倹約のため、衣服の新調や宮殿の修繕を控えておられるうちに、垣は崩れ、屋根も破れて、夜には部屋の天井から星が見えるほどに宮殿は荒れてしまった。

3年ののち、天皇が高台に登って都を望むと、あちこちから炊煙が立ちのぼっている。それを見た仁徳天皇は「朕《ちん》（私）は富んだ」とたいそう喜ばれた。そばにおられたお后は「宮殿がぼろぼろになってしまったのに、おかしなことをおっしゃるものだ」と申し上げると、仁徳天皇は「民は国の基だ。その民が富んでいるならば、朕も富んでいることになるのだ」とおっしゃった。

その頃、各地からの使いの者が、天皇に奏上にやってくるようになった。「すでに民は富み、平和な暮らしをさせていただいています。このまま傷んだ宮殿をそのままにしたとあっては、罰が当たります。宮殿の修繕をさせてください」。

だが天皇はそれを許さず、それどころか税の免除をさらに3年間延長することを命じた。そして6年間の免税期間が終わったとき、仁徳天皇はようやく税を復活させ、宮殿の修繕を許された、という話である。

これは逸話で、後世の創作であるという見方もあるが、「仁徳」との諡《おくりな》からも人徳に篤《あつ》い天皇であったことがわかるし、こうした逸話が今に語り継がれること自体、仁徳天皇の人となりを当時の人々が心から敬愛し、後世に伝えずにはいられなかったということであろう。それほど日本の皇室は国民に近い場所で、国民とともに在り続けてきたし、国民は天皇を深く敬愛していた。

国民とともに苦楽をともにする。まさに現代においても天皇陛下はそれを体現しておられる。みなさんは、東日本大震災の際の皇居の中の出来事をご存じだろうか。

東日本大震災により首都圏では計画停電が行われた。皇居はその対象外であったが、天皇陛下は被災地の体育館で寒さをしのいでいる被災者に思いを馳せ、暖房をお切りになって過ごされた。側近の者が「陛下がお風邪をひいてしまったら元も子もありません」とお話になったところ、天皇陛下は「寒ければ服を着ればよいではないか」とおっしゃられ、暖房はお入れにならなかったのである。まさにこうした天皇陛下や皇室の姿がまず日本国家の根幹にあるということを認識しておかなくてはならない。

端的に述べるならば、日本の皇室は国民とともにあり、ヨーロッパの王室は国民を支配してきた存在（過去において）である。

私の知人である大学教授が、ヨーロッパのある国王陛下から晩さん会に招かれて懇談したとき、新嘗祭の話をしたところ、「天皇は労働をするのか」と国王は非常にびっくりしたそうである。

新嘗祭は宮中の祭祀であり、天皇陛下が自らお手植えし、育てられた米を神々にお供えになり感謝を捧げたのちに、陛下ご自身もお召し上がりになる、という祭事である。この発言からもわかるように、ヨーロッパの国王は有史以来、自ら労働をせず国民からの徴税により悠々自適に暮らしていたのである。

これに対し日本では神話の時代から、のちに天皇陛下につながる神々が自ら稲作をするなど労働をいとわずに行っていた。

さらに、日本の皇室は万世一系の男系で続いており、神話にその源流がある。どこまでが現実の史実なのかという指摘はあるとしても、これだけ長い年月にわたり続いてきた皇室・王室は、世界を見回してもほかにはない。そのため日本の皇室は、現在の世界の皇室・王室で一番の権威なのである。

世界史の中の皇帝や王は、必ずしも長大な歴史を持っているわけではないし、厳密な系統にもとづいて継承されているわけでもない。家臣が反逆を起こし、自ら王を名乗って国を支配したという例はいくらでもある。２６００年もの長きにわたって男系で継承されてきた日本の皇室は、世界で唯一の存在である。

こうしたことが日本の皇室の存在を他国と違うものにし、同時に日本人の精神性の形成に大きく影響してきた。大日本帝国憲法はこの精神性を反映させようとした。

欧米の憲法が「権力を縛る」という考え方は、ヨーロッパの皇帝や王が、国民からの上貢によってその生活を成立させ、国民を支配する存在であったからである。皇帝・王たちと国民との間には「支配する者とされる者」という対立軸があった。

だが、日本の皇室と国民の間ではこうした対立がない。天皇は国を形づくる国民を思い、国民と思いを一つにし、国を治めてきた。宮中で祭祀を行い、国の発展と国民の安寧を常に祈ってきたご存在が天皇陛下なのである。

だからこそ、**欧米の人々の憲法に対する考え方と、日本人の憲法に対する考え方は全く違うのである。**

聖徳太子の十七条の憲法は、「法」が書かれているのではなく「理念」であるので、憲法ではないとの指摘もある。欧米的な憲法の考え方であればそうであるが、日本的な憲法の考えであれば、まさにこれは最古の憲法なのである。

これを踏まえたうえで、大日本帝国憲法を見ていただければ、まず告文（こうぶん／こうもん）で国のあり方を示しながら、国を統治していくための具体的な章立てや条文が記されていることがおわかりになると思う。

告文は、大日本帝国憲法発布にあたり、明治天皇が自ら守るべきことを歴代の天皇に奉告したものである。

告文

皇朕レ謹ミ畏ミ

皇祖

皇宗ノ神霊ニ誥ケ白サク皇朕レ天壌無窮ノ宏謨ニ循ヒ惟神ノ宝祚ヲ承継シ旧図ヲ保持シテ敢テ失墜スルコト無シ顧ミルニ世局ノ進運ニ膺リ人文ノ発達ニ随ヒ宜ク

皇祖

皇宗ノ遺訓ヲ明徴ニシ典憲ヲ成立シ条章ヲ昭示シ内ハ以テ子孫ノ率由スル所ト為シ外ハ以テ臣民翼賛ノ道ヲ広メ永遠ニ遵行セシメ益々国家ノ丕基ヲ鞏固ニシ八洲民生ノ慶福ヲ増進スヘシ茲ニ皇室典範及憲法ヲ制定ス惟フニ此レ皆

皇祖

皇宗ノ後裔ニ貽シタマヘル統治ノ洪範ヲ紹述スルニ外ナラス而シテ朕カ躬ニ逮テ時ト倶ニ挙行スルコトヲ得ルハ洵ニ

皇祖

皇宗及我カ

皇考ノ威霊ニ倚藉スルニ由ラサルハ無シ皇朕レ仰テ

皇祖

皇宗及

皇考ノ神祐ヲ祷リ併セテ朕カ現在及将来ニ臣民ニ率先シ此ノ憲章ヲ履行シテ愆ラサラムコ

トヲ誓フ庶幾クハ
神霊此レヲ鑒ミタマヘ

（国立国会図書館「大日本帝国憲法」http://www.ndl.go.jp/constitution/etc/j02.html）

〔大日本帝国憲法　告文〕（現代語訳）

御先祖様の霊を受け継ぎますわたくしは、

初代神武天皇と歴代天皇の尊い霊の前に慎み畏まってお誓い申し上げます。

わたくしは、永遠に続く広大な計画に従い、御先祖様より皇位を継承し、我が国の伝統を保持し、決して失墜することがないようにして

我が国の歴史をかえりみ、世の中の進歩や流れによる人道や科学の発達に伴い、（同時に）よく

御先祖様の遺訓を明らかにいたし、皇室典範と帝国憲法を制定し、その章と条文でわかりやすく示し、我が皇室ではわたくしの子孫が従うよりどころとし、我が国の臣民には皆が従うべき道を広めて永遠に守るべきようにし、益々国家の基礎を強固にして日本国の民の幸福を増進いたすこととします。

そのためにここに皇室典範および帝国憲法を制定するのであります。
深く考えますに、これはみな
御先祖様がわたくしたち子孫に遺し給われました統治の規範を詳しく書いたに他なりません。
そうして、わたくし自身の番となった時に、このような形でとり行うことができるようになったことは、本当に
御先祖様および御父上の御威光に頼ってきたおかげでないものはありません。
わたくしは仰いで
御先祖様および御父上の神がかったお力のお助けを祈願し、あわせてわたくしの現在および未来の臣民に率先してこの憲章を実行してこれを誤ることの無いようにすることをお誓いいたします。
願わくば皇室をお守りしてこられました
神々よ、御先祖様よ、わたくしをお見守り下さい。
(倉山満『口語訳 日本国憲法・大日本帝国憲法』新人物文庫・KADOKAWA/中経出版 2015年)
*105~108ページの引用は原典どおり。平出(へいしゅつ)による改行。

一方、日本国憲法は前文を見ても明らかなように、国家や民族としての意思が示されていない。「平和を愛する諸国民の公正と信義に信頼して、われらの安全と生存を保持しようと決意した。」とあり、一見日本民族の意思を示しているように見えるが、他者への依存を述べているだけである。

実は素晴らしかった大日本帝国憲法

「大日本帝国憲法は悪い憲法だった」「戦前の日本はすべて悪である」と刷り込み的教育を受けた人も多いだろう。

しかし、大日本帝国憲法下の日本にも人権と自由があった。法律の範囲内においてという文言から、人権と自由は規制を受けていたと述べる人もいるが、大日本帝国憲法においても法律は選挙によって選ばれた議員によって作られるものであったから、制限するか否かは国民の手にゆだねられていた。

「人権は天賦のものであるのに、帝国憲法下はそうではなかった」との考え方について、中世ヨーロッパにおいては、王や貴族の搾取のため市民の人権は大きく制限されていたと言っても過言ではなく、市民は戦いや革命によって人権を獲得したが、日本においては江戸時代の統治制度の中でもかなりの人権が認められていたと言えるのである。

無礼打ちなどもあったが、正当な理由がなければ無礼打ちをした武士自体が切腹、お家取り潰しになったし、時代劇で有名な大岡越前（大岡忠相）や遠山の金さん（遠山景元）に見られるように、領民や町人に対して正当な裁きを行う司法制度もあった。映画「殿、利息でござる」に描かれた仙台藩では、領民が藩に繰り返し請願を行い実現したように、請願をすることもできた。

だからこそ大日本帝国憲法では、法治の枠組みの中に人権や自由を保障するという日本の歴史にならった選択をしたのである。

帝国憲法は、伊藤博文や井上毅といった政治家や官僚が心血を注いで作り上げ、明治22年に公布された。大東亜戦争終結後、GHQのプロパガンダによって、帝国憲法は「時代遅れで危険」というレッテルを貼られたが、戦前の日本には人権と自由な気風があり、さらなる権利の拡大を目指し、大正デモクラシーも起きた。その後、男子による普通選挙も行われた。

大日本帝国憲法は公布された当時、ヨーロッパの政治家や法学者から大きな称賛を得た。アジアの片隅の国と思っていた日本が、国民の自由や人権を広く認めたため、大きな驚きを与えたのである。そして、国家としての統治を安定させるためのさまざまな規定も驚きを与えた。これは、欧米の憲法をとことん研究したからこそ成し遂げられたものである。

「戦前は悪で、自由も人権も大きく制限された」。こうした意識が現代の日本人の中に刷り込まれようとしている。まさにGHQが占領下に狙ったことが負の再生産として現在も受け継がれてしまっており、日教組などによっても大いに宣伝されてきたため、それが真実だと思い込んでいる人もいる。しかし、歴史を見れば何が真実であったかは明らかだ。

大日本帝国憲法下であっても、才覚と努力があれば、誰でも官僚にも軍人にもなれたし内閣総理大臣になることもできた。選挙により自分の意思を示すこともできた。練りに練り上げられた帝国憲法が悪い憲法であったというのは、あまりに一方的な評価である。

統治面で優れた点はどの点であったか。

帝国憲法制定にあたり、イギリス、ドイツを中心に欧米の憲法の不備を補う研究が徹底的に行われた。そのため、現代においても、現行憲法と比較しても、優れている箇所が見られる。

例えば次年度予算の執行。

国の予算は年度末までに議会で成立させなければならない。新年度になっても予算が成立していないと、行政は何もできなくなってしまう。もし、本来、予算審議を行わねばならない時期に、何かの理由で議会が機能停止してしまったら、来年度の予算を成立させることができなくなる。

このようなときのために、大日本帝国憲法では「前年度の予算を執行してよい」と定められている。これは、国家の緊急事態に予算が執行できないことを回避するためのものだが、実はこうした条文が現行憲法にはない。

そのため来年度予算を審議する国会で政府与党の失策や不手際を取り上げ、「この問題が解決しなければ、予算審議には応じない」「首相が責任を認めて辞任すれば、予算を通そう」などと、野党によって政局に利用されてきた。

そしてこれは、日本の総理大臣が短命であることの要因にもなってきた。だが、大日本帝国憲法のような条文があれば、このような事態は起こらない。もっと建設的な国会に、予算の内容をしっかりと吟味する国会の議論になるはずだ。

非常時における財政出動が規定されていたのも、大日本帝国憲法の優れた点であった。

大災害などで緊急の支出が必要になったときは、総理大臣の判断で財政出動をし、その分は直後の議会に諮《はか》って承認を得ることと定められている。こうした緊急時支出の規定も、現行憲法からは抜け落ちてしまっている。

大日本帝国憲法が、完全無欠だとは私も考えていない。だが、帝国憲法を一方的に何の検証もなく「時代遅れ」「悪い憲法」などと貶めるのは、こうした優れた点を見れば間違いだとおわかりだろう。

大日本帝国憲法にも不備はあった。統帥権干犯問題は、天皇陛下の統帥権が政治利用された面が否めない。そうした弱点もあったし、明治時代に作られたものであるから、現代の感覚に合わない点もあるだろう。

だが、「大日本帝国憲法は未熟な、劣ったものだ」という指摘は決してあたらないのである。

日本国憲法は本当に日本人の手で作られたと誇れるか

昭和20年、日本にやってきてGHQ（連合国軍総司令部）のトップに収まったダグラス・マッカーサーは、新しい憲法の作成を周囲に示唆した。その意向を受けて政府はさっそく動きだし、3ヶ月ほどかけて新憲法の草案を作り上げた。

ところが、この草案はGHQに拒否されたうえ、「GHQで原案を作るから、それをもとに細部を修正して憲法を作れ」という話になってしまった。そこからGHQ内部で急ピッチで作られたのが、現在の日本国憲法の原型である。

この草案作りは慌ただしいもので、実質的な作業日数は1週間、さらに最近の研究では「実質3日で作った」という説も出てきている。とにかく極めて短期間で作り上げられたことは間違いない。

実質3日説は、ノンフィクション作家の高尾栄司さんが『日本国憲法の真実 偽りの起草者ベアテ・シロタ・ゴードン』（幻冬舎 2016年）で明らかにしているが、日本の新憲法の草案を大至急作ることになったＧＨＱの民政局では、とにかく資料がなかった。そこで東京帝大をはじめ、あちこちの大学やら図書館やらに出向き、世界各国の憲法関連の本を片っ端から接収した。

そして、ソビエト憲法やワイマール憲法などをつなぎ合わせて、新憲法を作ったのである。今風に言えば、あちこちの文章をコピペしたわけだ。なにしろ期限が切られている中での突貫作業なので、ずいぶんアバウトな作りになった部分もあった。

例えば憲法改正については、「国会各議院の三分の二の賛成によって発議する」ということになっているが、重要な部分であるのに綿密な検討が行われたわけではない。

この部分の起草にあたっていた人物が作業の片手間で、「過半数かな？　三分の二かな？」と隣の席の人物に聞いたところ、「とりあえず三分の二にしといたら？」と返答があったので、そうしたのだと。この程度のやりとりで日本国憲法の条文は決まっていった。

こうしたことは、西修さんなど日本の学者が憲法成立の過程を研究するため、当時のＧＨＱ関係者に取材した結果、明らかになった。起草にあたったメンバーにしても、大急ぎで作った日本国憲法はあくまで「間に合わせ」という意識があったらしく「えっ、あの憲法をまだ改正もせず使っているんですか？」と驚かれたというエピソードも残っている。

このような状況で作られた憲法草案であったから、細かいところまでチェックする余裕がない。そのため英語で書かれた憲法草案（写真）を和訳する際に直訳風の文章になってしまったり、「て・に・を・は」の不具合が、そのまま残ることになってしまった。

このようにGHQから渡された草案に、突貫作業で修正を加え、帝国議会の審議もバタバタで成立したのが、現在の日本国憲法である。

しかし、そもそも占領国が被占領国の憲法を作り替えるということ自体、生まれた過程からして戦時国際法違反の疑いが濃厚なのである。

ハーグ陸戦条約の条約附属書には、「国の権力が事実上占領者の手に移りたる上は、占領者は、絶対的の支障なき限、占領地の現行法律を尊重して、成るべく公共の秩序及生活を回復確保する為、施し得べき一切の手段を尽すべし」とあり、戦時国際法の観念からは占領国が被占領国の憲法を作り変えてはならないことになっている。

戦争に勝った国が負けた国に「今日からこれが、お前たちの憲法だ」と押しつけることを冷静に考えれば、言語道断であり、許されないものであることはおわかりいただけるだろう。

「いやそんなことはない。日本政府はしっかりと修正作業を行い、そのうえで帝国議会で

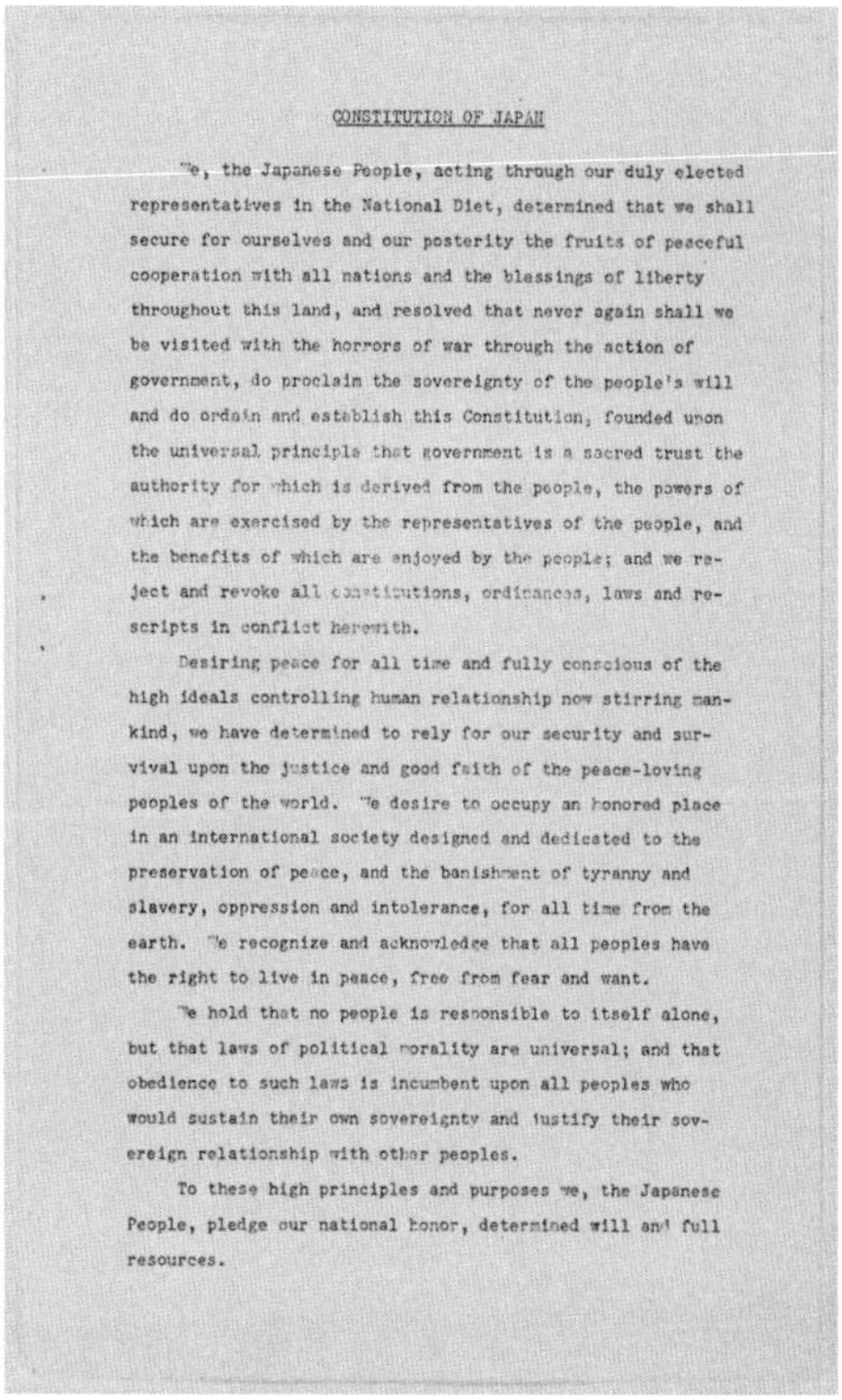

CONSTITUTION OF JAPAN

We, the Japanese People, acting through our duly elected representatives in the National Diet, determined that we shall secure for ourselves and our posterity the fruits of peaceful cooperation with all nations and the blessings of liberty throughout this land, and resolved that never again shall we be visited with the horrors of war through the action of government, do proclaim the sovereignty of the people's will and do ordain and establish this Constitution, founded upon the universal principle that government is a sacred trust the authority for which is derived from the people, the powers of which are exercised by the representatives of the people, and the benefits of which are enjoyed by the people; and we reject and revoke all constitutions, ordinances, laws and rescripts in conflict herewith.

Desiring peace for all time and fully conscious of the high ideals controlling human relationship now stirring mankind, we have determined to rely for our security and survival upon the justice and good faith of the peace-loving peoples of the world. We desire to occupy an honored place in an international society designed and dedicated to the preservation of peace, and the banishment of tyranny and slavery, oppression and intolerance, for all time from the earth. We recognize and acknowledge that all peoples have the right to live in peace, free from fear and want.

We hold that no people is responsible to itself alone, but that laws of political morality are universal; and that obedience to such laws is incumbent upon all peoples who would sustain their own sovereignty and justify their sovereign relationship with other peoples.

To these high principles and purposes we, the Japanese People, pledge our national honor, determined will and full resources.

写真「Constitution of Japan」Alfred Hussey Papers; Constitution File No. 1, Doc. No. 12 12 February 1946

3-15　GHQ草案 1946年2月13日

民政局内で書き上げられた憲法草案は、2月10日夜、マッカーサーのもとに提出された。マッカーサーは、局内で対立のあった、基本的人権を制限又は廃棄する憲法改正を禁止する規定の削除を指示した上で、この草案を基本的に了承した。その後、最終的な調整作業を経て、GHQ草案は12日に完成し、マッカーサーの承認を経て、翌13日、日本政府に提示されることになった。日本政府は、22日の閣議においてGHQ草案の事実上の受け入れを決定し、26日の閣議においてGHQ草案に沿った新しい憲法草案を起草することを決定した。なお、GHQ草案全文の仮訳が閣僚に配布されたのは、25日の臨時閣議の席であった。

国立国会図書館「日本国憲法の誕生」
http://www.ndl.go.jp/constitution/shiryo/03/076shoshi.html

承認されたのだから立派な憲法だ」という主張もある。

だが政府が苦心して作った政府草案はGHQに拒絶され、その後GHQ作成の草案をベースにしたという時点で、とても「自主憲法」などとは呼べない。しかもわが国の憲法であるのに、原文は英語である。

当時の日本の状況では、日本政府も帝国議会も、GHQと対等であったわけではなく、完全にGHQの支配下にあった。GHQの要求、要望を突っぱねてまで、自主憲法を作るなどということは、できるわけがなかった。

昭和21年2月13日、外務大臣官邸において、GHQのホイットニー民生局長から松本烝治国務大臣、吉田茂外務大臣らに対し、先に政府より提出された憲法改正案を拒否することが伝えられ、その場でGHQ草案が手渡された。この席でホイットニーは脅迫とも言える言葉を日本政府に伝えている。

「GHQ草案の採用は『天皇ノ保持』のため必要であり、さもなければ『天皇ノ身体』の保障はできない」というものである。松本国務大臣やその報告を受けた幣原首相をはじめとする閣僚は真っ青になった。

天皇陛下をお守りするためにもGHQ案は拒否できない。そこで「ここだけは」という箇所を修正し、帝国議会にかけ、「政府が手がけ、議会が承認した憲法」として世に送り出したのである。しかしその内実は、「わが国の手によって改正された憲法」「自主憲法」とはほど遠いものだった。

なお、最終的に大日本帝国憲法改正案を承認したのは枢密院であるが、その時の枢密院議長であり高名な憲法学者であった清水澄博士は、日本国憲法施行の年に遺書をしたため自決した。その遺書には、「わが国の将来を考え憂慮の至りに堪えず、しかし小生微力にしてこれが対策なし、よって自決し幽界よりわが国体を護持し今上陛下のご在位を祈念せんと欲す。」とあった。（本書での表記は現代仮名遣いに変更した）

枢密院議長という立場上、清水博士はＧＨＱ製の憲法案を認めざるを得なかった。また、陛下の退位（譲位）や共和制導入などの議論が日本国憲法公布の前後に起こっており、日本の将来を憂い、国体の永続を願って自決したのである。

こうした経緯で作られた日本国憲法であるが、本来なら昭和27年のサンフランシスコ講和条約で日本が主権を回復した際、憲法も作り直すべきだった。なにしろその成立の過程からして、危ういものであるからだが、主権回復以後もアメリカの影響力は強く、なかなか改正には至らなかった。

そして今、ようやく戦後73年、現行憲法施行71年にして憲法改正の発議が行われようとするところまで持ってこられたのである。本当に「ようやく」である。

平成27（2015）年に安保法制が審議された際、野党の一部などから「安保法制は立憲主義に反する」という主張がずいぶんと聞かれた。しかしそもそも日本国憲法自体が占領国に押しつけられ、国際法に反する疑いが濃厚であり、憲法そのもののあり方についてももっと議論がなされるべきであったが、野党第一党などは「反対ありき」でそうした議論にまで踏み込まなかった。

日本国憲法は、「わが国を守るために何ができて、何ができないのか」が規定されていない。この時の野党第一党などの論に立つならば、「政府の暴走」を阻止するための憲法の規定を設けるべきであるし、「アメリカ追従」と言うのならば、アメリカによって押し付けられた現行憲法を真に日本人の手によって作り替えるべきではないだろうか。

しかし、「憲法を守れ」という人々は、憲法を守るか守らないかの議論に終始することについては先述したとおりであり、これではいつまで経っても同じテーブルにはつけないのである。

さて、それでは日本としての自主的な憲法に変えていく、すなわち憲法を「改定」しようとした場合、どういったアプローチがあるか。方法は2通りあると考える。

①まず、GHQ製の現在の憲法を手放して、それ以前の自主憲法である大日本帝国憲法に立ち返り、それを基礎にして新憲法を作り上げるやり方

②もう一つは現行憲法をもとに、改正を重ねていくやり方

である。

話の筋道からいえば、①のやり方が本来ではあるが、現行憲法はすでに制定から70年間も使われてきて、この憲法のもとに多くの判例が積み重なっている。その憲法を一気に手放してしまうのは、法治国家としては難しいことである。

であれば、現行憲法の条文を一つ一つ見直し改正していって、日本と日本人にふさわしく、真にわが国を守れる憲法に変えていくしかないだろう。

大日本帝国憲法悪玉論とともにある「東京裁判史観」

「大日本帝国憲法は悪い憲法であった」という論とともに必ず語られるのが、東京裁判で裁かれた、いわゆるA級戦犯とされる方々をはじめとする「戦前は悪事の限りを尽くした」という論である。これが「東京裁判史観」である。

そもそも東京裁判は、日本国憲法が国際法に反して押し付けられたのと同様に、当時の国際法に照らして違法なものだったと言える。

東京裁判と略される極東国際軍事裁判は、戦勝国が敗戦国を裁くという構図で行われた。これは「敗戦国である日本は、犯罪行為をした」ということが前提になっている。つまり裁判が開かれた時点で日本は悪であり、それを裁く連合国側が正義だということになっている。この時点で、まともな裁判とは言えない。

さらに問題なのは、被告人たちが追及された「平和に対する罪」「人道に対する罪」だ。これは東京裁判と同様にナチス・ドイツの戦争責任を裁いたニュルンベルク裁判を進めるために作られたものである。つまり、戦争中のドイツや日本の行為を犯罪にするための法的根拠として、連合国側が後付けで作ったものである。

法律の効力は、その法律の施行前の行為には及ばない。これは「法の不遡及」といい、法治国家では当たり前の概念である。ところが東京裁判では、これが堂々と破られた。連合国が揃いも揃って、事後法によって勝者の正義を作り出したのだ。この矛盾についてはインドのパール判事が指摘し、被告の全員無罪を主張した。しかし、パール判事のような意見は少数意見に過ぎなかった。

そして日本の行為ばかりが追及を受け、連合国側による行為は一切問題にされなかったというのも、おかしな話である。

アメリカが投下した原爆によって、どれほどの人々が命を落としたか。日本各地での空襲もそうだが、非戦闘員に対する無差別攻撃であり、当時にあっても国際法に違反する行為である。そうした連合国にとって都合の悪いことを隠し、世界の目をそらすために、ことさらに日本を追及し、悪者に仕立て上げた。そのための舞台が東京裁判だった。

以前、私はこの件について国会で質問したことがある。「東京裁判における『平和に対する罪』というのは、いつ確立したのか」という問いだったが、これに対する外務大臣の答弁は「いまだ、確立しているかどうかの議論がある」というものだった。議論があるということは「確立しているかどうかはっきりしない」ということである。

〔参議院予算委員会　平成二十六年三月十二日〕

○和田政宗君

当時の国際法上、A級戦犯とされる方々の平和に対する罪というのは戦勝国により事後的に考えられたもので、それを基に裁くことは法の不遡及の原則に反するという考え方があります。国際法上、平和に対する罪はいつから存在するようになったと捉えているのか、政府の見解を聞きます。

○国務大臣（岸田文雄君：外務大臣）

御指摘の平和に対する罪ですが、この平和に対する罪は、極東国際軍事裁判所条例のほかにニュルンベルク国際軍事裁判所条例にも規定されております。戦後、国際社会においては、国際法廷を設置し、国際社会全体の関心事である最も重大な犯罪を犯した個人を訴追し処罰するとの動きがあるものの、この極東国際軍事裁判所条例に規定された平和に対する罪がこれまでに国際慣習法として確立しているか否かについては種々議論があるところです。

私は、この答弁を聞いた時、正直驚いた。私の質問に対しての政府の答弁は「ニュルンベルク裁判、東京裁判においての事後法か否かについては言及を避けるが、現在は国際法上で確立されている」というような内容で出てくるだろうと思っていたからである。しかし、政府の公式見解として「いまだに議論がある」というのだ。

東京裁判では開戦時、および戦争中の指導者が「戦犯」として起訴された。それぞれの訴因によって、A・B・Cの3つに区分されたのは、よく知られたとおりである。A級は平和に対する罪、B級は戦争犯罪、C級は人道に対する罪を、それぞれに犯したとされた。

ただ、この方々は国内法では起訴すらされていない。だから、例えばA級戦犯とされた方々は、国内法上は何の罪もない。それなのに国際軍事法廷に被告として引き出され、事後法である上にその存在すら確立しているかどうかわからない罪状で起訴され、あげくに刑を執行されたということになる。

また、B級戦犯は戦時国際法における交戦法規違反で裁かれたが、正確な事実認定とはおよそ遠く、まさに戦勝国による常軌を逸した横暴が一連の「戦犯」に対する裁判である。

このようなことから、私は「戦犯」という言葉を使うときには、必ず「戦犯とされた方」と言い換えるようにしている。国内法の訴追を受けていない方々は、犯罪者ではないからである。

そしてもし仮に連合国側の視点に立ち、彼らが犯罪者だと仮定しても、みなすでに刑に服している。刑に服せばそれは罪をあがなったということであり、すでに犯罪者ではない。

つまり日本には昔も今も、戦犯など一人もいないのである

しかし、護憲派の論理構成は、大日本憲法は悪い憲法→だから軍国主義に→だから日本は大戦で悪いことをし、A級戦犯（とされる方）が裁かれた。これに絡むものはすべて「悪」というものである。

だからこそ、護憲派は靖国神社もやり玉に挙げる。しかし、どの国においても戦没者を追悼するのは当たり前のことである。

また、A級戦犯とされる方々の合祀が問題とされるが、日本政府は、東京裁判で死刑判決を受けた方々を公務死として扱っている。国のために殉じられた方々なのだから、靖国神社に合祀されていることには何の問題もない。

過去には、多くの首相や閣僚、議員たちが靖国神社に公式参拝していた。国政を担う議

員が国難に殉じた英霊を悼むのは当然のことで、特に批判されることもなかった。

ところが一部メディアが騒ぎ始め、中国や韓国に取材を繰り返し行ったことにより、これらの国は「外交カードに使える」と判断し、参拝のたびに騒がれることになった。

「公式参拝ですか？　私的参拝ですか？」とメディアが聞くのもおかしな話であり、私も聞かれたことがあるが、「参議院議員和田政宗として参拝しました」と答えている。参議院議員であり一人の日本国民である私が参拝しても何ら問題はない。

三木武夫首相の時に「私的参拝」であるとしたことからこの質問があるわけだが、参拝に私的だとか公的だとか区別すること自体がそもそもおかしいのである。

ちなみに私は、ほぼ毎月、靖国神社で昇殿参拝をしている。一議員に過ぎないから騒がれることもないが、もし万が一私が大臣になったとしても、やめるつもりはない。

繰り返しになるが、戦没者の追悼は当たり前のことであり、信仰に踏み込まれるのもおかしな話である。法治国家である日本では、個人の信教に対して、そもそもとやかく介入できないはずである。

しかし、「A級戦犯（とされる方）はとにかく悪い」、「戦前がおかしな時代だったのは大日本帝国憲法のせいだ」という刷り込みは、国民の間に広がってしまっている。

大日本帝国憲法は悪法ではないし、東京裁判も全く正しくない。憲法改正においては、この視点に立ち、何が帝国憲法の不備だったのかを分析し、現行憲法の成り立ちを踏まえたものでなければ、議論の方向性を見誤る危険性がある。

護憲派による「憲法改正、特に9条改正で軍国主義がやってくる」というのはあまりに飛躍した論理なのである。

「日本は侵略、植民地支配をしたから平和憲法が必要」という刷り込み

東京裁判史観で、最も注意しなくてはならないのは、「日本が侵略戦争をし、植民地支配をした」という論である。

これは歴史的事実からも否定されるものだが、護憲派による「日本は侵略をしたから軍備は持ってはならない」という論につながっている。

まず侵略について見てみるが、他国に軍隊を派遣することが侵略であると思っておられ

る方が多いかもしれない。しかし、それが侵略か否かは、単純に判断できるものではない。例えば、１９９０年にイラクがクウェートに攻め込み、全土を掌握した事例は「クウェート侵攻」と呼ばれたが、実は侵略とは認定されていない。この時イラクはクウェートに親イラク政権を立て属国にしようとし、その後「クウェート県」というかたちでイラクに編入した。領土を武力で奪い取ったわけだから侵略そのものに見えるのだが、いまだに「侵略」とはされていない。「侵略」と認定するには国連安保理決議が必要なのである。

また朝鮮半島では明治43年、当時の大韓帝国が日本に併合されたが、これは軍事力によるものではなく、政治上の手続きを経て条約の締結によって、しかも大韓帝国側からの依頼を受けて成立したことであるから、もちろん侵略には当たらない。

この当時を指して「日本による植民地支配」という言い方をされることがある。だが大韓帝国は併合によって「日本」になった。政府の一部の記録や公文書の上で「植民地」という言葉が使われたこともあるが、それは本国のために搾取が行われる欧米型の植民地支配とは全く異なるものであり、同じ日本国民として扱った点は踏まえておかなければならない。

さらに中国大陸について言えば、清朝の滅亡から20世紀の初頭にかけて、この地には国家として統一的な政治を行う組織がなく、群雄割拠的な状況だった。であるから「国が国を侵す」という理屈や主張自体が成り立たない。

また満州国に関しては、長い歴史の中で満州族が自治を行ってきたところである。漢民族の統治を受けたのは、60年ほどに過ぎない。だからそこに満州族を中心に独立国を建設するということには何の不思議もないし、アジア諸民族の民族自決の意思を日本政府が援助するというのもおかしなことではない。

満州国については「傀儡国家だった」と批判する声もある。しかしその地域に住む民族がまとまり、国として独立したいと願い、そのために行動するということは世界中の独立国家が通ってきた道であるし、それを支援する既存国家も存在した。もちろん支援する側もボランティアではなく、政治的な思惑を持つ場合もある。

だがそれを一方的に「侵略だ」「植民地支配だ」と決めてかかるのは、あまりにも事実とかけ離れ、偏った物言いであろう。

先の大戦（大東亜戦争）前夜の東南アジアに関しては、至るところが欧米列強の植民地だった。この地域に開放の旗を掲げ独立運動を支援したのが当時の日本である。

欧米の搾取に苦しむアジアの各地域を独立させ、欧米に対抗し得る大東亜共栄圏を建設するという理念を持って進出した。大東亜戦争開戦後の東南アジア諸国でも歓迎を持って迎えられた。日本がロシアに勝った日露戦争以降、アジアにとって日本はリーダーであり希望の星であった。

イギリスの植民地下にあったインドでは、日本とインドの連合軍がイギリス軍と戦ってイギリス支配を弱体化させ、1947年に独立を成し遂げた。

また、インドネシアでは大東亜戦争の終結後も、2000人もの日本軍兵士が復員せずに現地にとどまり、インドネシアの人々とともにオランダに対する独立戦争を戦い、1950年に独立を果たした。

そして、内モンゴルから復員した根本博陸軍中将は、日本軍の引き揚げに便宜を図ってくれた中華民国と蔣介石が中国共産党によって台湾に追い込まれたとき、密かに台湾に渡り、中華民国軍に顧問として指導を行い、金門島などで中国人民解放軍の攻撃を跳ね返している。

こうしたことを受け、サンフランシスコ講和会議で、セイロン（現スリランカ）のジャヤワルダナ蔵相（のちに大統領）は、ソ連が日本の軍備の自由などを制限する提案をしたことについて、「日本は自由であるべき」との主張のもと、以下のような演説を行っている。

なぜアジアの人々が自由であるのを熱望するのか？

それは我々は日本と長い年月にわたる関係がある為であり、これらアジアの人達が日本に対して抱く高い敬意の現れであるからである。

日本だけがアジア諸国の中で強力であり、自由であったし、又我々は指導者及び友人として日本を信頼しているからである。

さる大戦中に、日本のとなえたアジア共栄のスローガンが人々の共感を得、自国が解放されるとの望みで、ビルマ、インド及びインドネシヤの指導者の中には日本に呼応した人達もいたのである。


（スリランカ民主社会主義共和国大使館資料）


もっと領土が欲しい、植民地化するという考えで、こうしたアジア各国の独立につながる行為ができるだろうか。そして、こうした行為が、果たして侵略と言えるのだろうか？

「侵略」の定義とは何か。

実は、大東亜戦争当時、その定義は定まっていなかった。

現在においても、「国連安全保障理事会において侵略と認められたもの」とされているが、その判断基準は決して明確ではない。先述したイラクのクウェート侵攻の例を見れば明らかである。

以前、私は国会で質問したり、質問主意書（文書で内閣に質問するもの。閣議決定された答弁が出される）で問うたりして、何をもって侵略とするか、植民地支配とするのかということを政府に質した。

その答弁は、やはり「植民地支配および侵略の定義についてはさまざまな議論があり、お尋ねについてお答えすることは困難である」というものだった。

〔村山内閣総理大臣談話に関する質問主意書〕

一　村山談話における「植民地支配」とは、わが国が行ったどのような行為を指すものなのか、具体的に明示されたい。また、「植民地支配」の定義を明らかにされたい。

二　村山談話における「侵略」とは、わが国が行ったどのような行為を指すものなのか、具体的に明示されたい。また、「侵略」の定義を明らかにされたい。

〔参議院議員和田政宗君提出村山内閣総理大臣談話に関する質問に対する答弁書〕

一および二について

「植民地支配」及び「侵略」の定義についてはさまざまな議論があり、お尋ねについてお答えすることは困難である。

日本政府としては、政府の公式見解となるので、国内法や国際法、さらにさまざまな条約などに照らし合わせて答えるわけだが、それら諸法に照らしてみても、侵略の定義は確定していないということになる。

だから「日本はアジアを侵略した」という言い方をする人がいるのであれば、まず侵略の定義を明らかにし、歴史を正しく紐解《ひもと》いたうえで主張するべきではなかろうか。

ただ、先の大戦で日本の行動が侵略うんぬんであったかどうかとは全く別に、世界各国のさまざまな場所で、戦闘によって多くの命が失われた。敵味方双方の軍人・軍属だけでなく、その土地土地の方々が被害を負い、命を失ったということは、まぎれもない事実である。

大東亜戦争においても日米双方がマニラ市街戦で多くの市民を巻き込んで命を失わせて

しまった。そうした犠牲者に対する思いは、しっかりと胸にとどめておかねばならない。

次に、「植民地支配」という言葉について見てみる。

日本は韓国、台湾を統治したが、それは植民地支配ではない。

日本は有史以来、同じ国民になったら同じように繁栄していこう、という考えを根本に持っている。だから欧米列強がアジアやアフリカで展開していたような、現地の人々を奴隷的に働かせて搾取するという統治を行うことはなかった。

韓国に対しては国際法上も有効な「併合」というかたちを取り、その発展に手を尽くしている。上下水道を整備して衛生面を改善、電気や道路をはじめとするインフラ整備に力を入れた。京城帝国大学（現ソウル大学）をはじめ、学校を多数建設し、教育を進めて読み書きを浸透させた。朝鮮語の教育も行われ、ハングルも広めた。

教育を普及させ工業化を進め、人口を増やしてGDPを高めた。このようなことは、欧米で一般的な「植民地支配」では、あり得ないことである。

台湾も事情はほぼ同じである。いくつもの先住民族との共存が求められる中で、台湾の統治機構は未熟であり、インフラ整備も十分ではなかった。日清戦争を経て台湾を国土とした日本は、大規模な事業を行い台湾の経済基盤を作っていった。

代表的なものはやはり烏山頭《うさんとう》ダムと、そこから農業用水を分配していく嘉南大圳《かなんたいしゅう》である。この大規模灌漑《かんがい》施設によって、台湾南西部に広大な水田を作ることができ、農作物の生産は飛躍的に高まった。

これらの施設を策定し実現した日本人技師・八田與一《はったよいち》は、日本ではほとんど知られていないが、台湾では逆に知らない人がいないほどの有名人である。八田與一の命日には、台湾総統が慰霊のために花輪を捧げるほど、その功績は大きなものだった。

韓国に対しても台湾に対しても、日本は侵略して植民地にしたなどということはなく、むしろ多額の資金と手間と時間をかけ、繁栄へと導いていったのである。

もちろん、併合や編入というかたちであっても、他民族の統治を受けることについて、それが「気に入らない」という人は当然いた。そうした感情の記憶が、現在の韓国での「日帝による植民地支配」という言い方につながっているのかもしれない。

だが台湾ではそのような声を聞くことは、まずない。日本が行ったさまざまなことに素直に感謝している。

台湾の民主化を果たした元総統・李登輝先生は20歳過ぎまで日本人だったことを誇りに

思っており、「日本精神」が台湾にも今の日本にも必要だと繰り返し述べられているし、今も奥様（曽文恵＝ソ・ブンケイさん）を日本風に「フミエ」と呼ぶことがある。

今でこそ韓国と台湾とで、日本に対する感情・感覚には隔たりが生まれたが、当時の政府としての接し方に違いはほとんどなかった。そしてこのように、同じ国民として共に発展しようというのが日本の基本姿勢であった。搾取され続ける植民地支配では全くなかったのである。

正しい歴史への理解の欠如がもたらした「従軍慰安婦」のウソ

「日本は侵略と植民地支配という悪いことをした。だから反省しなければならない」という話が全くの間違いであることを明らかにしてきたが、現在もこうした間違った認識のもと流布されているのが「従軍慰安婦」である。

「慰安婦」は存在したが、当時「従軍慰安婦」という言葉はなく、朝鮮半島での慰安婦強制連行の証拠も見つかっておらず、全く事実に反する話なのである。

韓国ではソウルの大使館前だけでなく、釜山の総領事館前にまで「慰安婦像」が建てられ、この問題を含めた慰安婦についての平成27年の日韓合意は履行されないどころか、韓国側から「合意破棄」などという声まで挙がり、無茶苦茶な状態になってきている。日韓二国間で「最終的かつ不可逆的に」合意したことを韓国は反故にしようとしており、明らかに外交交渉過程のルールを破るなど、制御の取れない状況になっている。

そもそも「朝鮮半島から20万人の女性が慰安婦として強制連行された」という話は全くのウソであり、業者に騙されて慰安所に連れて行かれそうになった女性を警官が保護したとか、悪徳業者を摘発したことなどが当時の新聞で報道されており、強制連行など全くできない状況だった。

当時、売春はまだ合法であった。日本において売春防止法が制定されたのは、昭和31年である。ただ、合法であったからといって、すべての女性たちが進んで慰安婦という職業を選んだわけではもちろんない。

貧しさのために親に売られたり、あるいは自らその職を選ばざるを得なかったり。悪質な業者に騙され、慰安婦にされた女性もあっただろうし、逆にほかの職業では得られない高給を目当てに、慰安婦になった人もいたであろう。人それぞれに事情はあったはずである。そうした女性の中には内地の日本人、さらには台湾出身の方々もおり、決して朝鮮半島の女性ばかりが集まっていたわけではない。

いずれにせよ、戦時という特殊な状況下にあっては、女性など弱者の立場はさらに弱いものになる。このことはきちんと直視しなくてはならない。だから当時慰安婦であった方々に何らかの補償をするのであれば、出身地に関わりなくすべての慰安婦であった女性に補償をするのが筋である。

しかし、この慰安婦問題は韓国にいいように利用されてきた。韓国国内においても当時を生きた人々が口々に「そんな事実は聞いたことはない」と述べているのにもかかわらずである。

韓国では朝鮮人慰安婦の人数について、現在では「少女をはじめ20万人」と言っている。数年前まで「2万人」だったはずなのだが、どんどん水増ししている（2万人という数字ですら根拠は怪しい）。

年頃の女性たち20万人といえばたいへんな人数であり、それだけの女性たちをどのように戦地の慰安所に運んだのか。この数をもとにするなら台湾人、日本人の慰安婦まで含めたら、数十万人の規模になるが、いったい何軒の慰安所があったのか。韓国の主張はそもそも論理破綻している。

誰もがまともに考えれば、「20万人の女性を日本軍が強制連行し、慰安所に送り込んだ」などということは、あり得ない話だとわかる。現に戦後約40年経った1980年代になって吉田清治が捏造した証言を朝日新聞が報道するまで、韓国からこのような話が出てくることもなかった。

さらに、慰安婦を題材にしたフィクションが、あたかも実体験のように記された小説が出回ってからというもの、この問題はひとり歩きを始めてしまった。「ウソも百回言えば真実になる」というプロパガンダの手法があるが、まさにその手法を地でいくような、根拠のない「慰安婦問題」が構築され、そのまま世界に広まってしまったのである。

今、またアメリカ国内において慰安婦像が建てられてきている。アメリカ在住の韓国人活動家が主導をし、ウソの歴史を信じ込ませ、時にその地域の議員を旅行に招くなど歓待をし、完全に取り込んでいる。

実は、世界各国の人々は日本と韓国との間で騒がれている問題など、さして興味は持たない。双方の言い分を詳しく調べて、事実を明らかにするような人は、一部の専門的な研究者を除いては、まずいない。であるから慰安婦について、韓国が「日本は戦争中、20万人もの韓国女性を連れ去り、性奴隷にしたのだ」と声を上げれば「それはひどい！　日本はとんでもなく悪い奴らだ」ということになってしまうのである。

そしてついには国連の各委員会にまでそうした意見が持ち込まれるようになり、「クマラスワミ報告」のような、国連人権委員会の決議にもとづく報告文書までも作られるようになってしまった。この文書の中で国連人権委員会は「当時の慰安所制度が国際法違反であり、法的責任を負うこと」「性奴隷被害者個人に対して、原状回復と賠償を行うこと」などの勧告をした。

あり得ない主張が国連で事実として認定されてしまった。この一件で日本の国際的な評価はどれほど下落したか。韓国の戦略的なプロパガンダがこうした結果につながり、日本の「事実でないから信用されないし大丈夫」という楽観的かつ消極的な姿勢がこうした結果をもたらしてしまった。

第二次安倍政権が発足し、外務省の姿勢も段階的に変わってきた。また、言論人などが立ち上がり、韓国の主張にしっかりとした反論が行われるようになってきた。

平成28年2月。国連の女子差別撤廃委員会に杉田水脈《みお》さん（現・衆議院議員）などが乗り込み、わずかな時間枠だったがスピーチを行った。このアクションは、かなり大きな効果を生み出した。

国連傘下のこうした各委員会では、民間団体から話を聞き、それについて当該政府が派遣する政府代表や本国政府に回答を求めるというかたちを取っている。これまでは左派のNPOやNGOばかりが幅を利かせていて「日本はひどい」「慰安婦の強制連行は事実だ」ということを主張し続けていた。そしてその都度、日本政府の代表団は「基金を設立し、償い金を渡した」とか、本質的な是非論を避ける回答ばかりを繰り返してきた。

ところが杉田さんたちは、「慰安婦の強制連行は歴史上の事実として存在しない」ときっぱり発言した。なんと、委員たちはびっくりする。「そんな話は初めて聞いた」。それは事実なのか確認しなくてはならないと、日本政府に正式に説明を求める文書が送付され、日本政府の回答は「そうした事実はない」というもの。

消極的であった日本政府の慰安婦問題への対応は、こうした民間人の声にも促され大きく転換してきている。

慰安婦問題については、韓国が主導する国際世論によって日本はいわれなき追及を受けてきた。それに対して、外務省がきっちりと「いや、そうではない」と否定してくればよかったのだが、その詰めが甘かった。オフィシャルな場できちんと事実を述べ、日本の立場を明確にするということを真剣に行ってこなかった。そのため、事実に反する話ばかりが拡散することになった。プロパガンダを封じ込めるためには、その都度きちんと反論していくという原則に立ち返っていかなければならない。

日本軍に強制連行された、慰安婦にされた、20万人もいた、それが事実なのであれば、証拠はいくらでも示せるはずであるし、韓国国内にも記録として残されているはず。しかし、韓国側は慰安婦であったと名乗り出た人の証言のみを拠りどころとしている。その証言も、二転三転している。「×歳の頃に、家が貧しくてキーセン（置屋）に売られた」などの言葉がポロリと出てくる。どこから見ても、どのように考えても破綻している論理なのだが、国際社会に「日本の悪行」として広まってしまった。

また、慰安婦などの問題は護憲派が最大限利用しようとする。「日本は悪いことをしたから平和憲法が必要なのだ」と。しかも国内において、あろうことかいかにも事実であるかのように拡散させ、教育の場にまで持ち込み、子どもたちに刷り込みを行おうというのは断じて許されることではない。

もたもたしているうちにどんどん増やされる虚偽のプロパガンダによる「日本の悪行」の数字

ここまで、慰安婦問題にふれてきたが、もう一つその数が異様に水増しされてきているのが、いわゆる南京事件である。当時の南京で軍事作戦があったことは事実であるが、その犠牲者の数字についいては、冷静に検証する必要がある。

いわゆる南京事件は、中国側により「南京大虐殺」という大げさな言葉が使われてきた。私は「南京事件」とも呼ばず、「南京攻略戦における犠牲者」と言っている。

この支那事変下における南京攻略戦においては、中国によると犠牲者は公称30万と言っている。だが、これはあまりにも数字を大きくしすぎており、いったい何が根拠になっているのか、もはや全くわからない状況になっている。

当時、南京に在留していた外国人記者などの証言や配信記事によると、この攻略戦による死者は軍人が3万3千人、民間人数千人とされている。ほかの学者などの戦後の検証でもこの数字に近いものであったと推定されている。

この中で、どれだけの人たちが、戦闘の過程や戦闘に巻き込まれたのではなく、意図的に殺害されたが問題になるわけだが、外国人記者の目撃証言、南京攻略戦に参加した日本軍兵士の個人の日記（信憑《ぴょう》性は検証が必要）などからは、「捕虜を殺害した」との記述も見られる。「捕虜が暴れ、混乱状態に陥ったため撃った」などという状況であった。

たとえ戦時下といえども、捕虜に対する扱いについては、国際法によって厳しく規定されている。また民間人も保護しなくてはならない。

しかし、南京においては軍服を捨てて民間人に紛れた便衣兵もおり、誰が軍人で誰が民間人なのか容易に区別がつかない点があった。また、多くの捕虜を抱え混乱状態が生じたため、捕虜や、軍人と区別のつかない民間人を銃撃し殺害した可能性はある。

さらに、日本軍だけでなく、中国国民党軍が逃げる兵士に銃撃を加えており、南京における捕虜や民間人の犠牲については、さらなる検証を進めるべきであろうと思う。客観的な資料の発掘やそれにもとづいてである。

そうした検証作業を重ねれば「30万人もの大虐殺」と言われるような事実はなかったことは明らかになる。そもそも南京の人口が20万人～最大30万人であったとされるので、全員を殺害しなくてはならなくなるし、そんな数の銃弾はないし、遺体の処理もできない。

さらに南京攻略戦の前後を比較すると、南京の人口は実は増えている。30万人が虐殺されたその地域に、直後にそれ以上の人々が流入してくるであろうか。生き残った人々が南京から出ていくというのならわかるが、その逆になっている。

日本軍が南京城内に入ったときは、現地の人々が待ち受けていたという記録もある。「日本軍と一緒に、医者も来るはずだ」と、ケガや病気を抱えた人たちが、日本軍の医師を待っていたというのである。そして実際に南京市民のみならず中国人負傷兵に対しても日本人医師たちが診療を行っている。大虐殺があれば、こうした状況になるだろうか。

日本軍が南京を攻略したのは、南京を拠点とし、次の作戦を立てる必要もあったからである。のちに汪兆銘の南京国民政府が打ち立てられたように、南京の「街」としての機能を温存させ、都市機能を発揮するためには市民の存在が必要であった。それを全滅させてしまったら、その後の展開も何もない。

また、中国において「南京大虐殺時のもの」と確定的に述べられている写真は、実は日本人居留民223人が中国人部隊に虐殺された「通州事件」のものが含まれている。中国人が日本人を惨殺した通州事件の写真が、逆に「南京大虐殺」の証拠として使われているのである。

中国が言う「大虐殺30万人」とはどれだけの数字なのだろうか。それを見れば荒唐無稽な数字であるということがわかる。例えば、人口30万人に近い都市を挙げれば、青森市や福島市、東京都目黒区や豊島区である。この地域に住む人をすべて殺害する計算になる。

スタジアムの収容人数で見れば、「東京ドーム」のプロ野球開催時の収容人数が4万6千人。「京セラドーム大阪」が3万6千人。「両国国技館」が1万1千人。30万という人数がいかに膨大なものか、容易に想像がつくであろう。

それに日本人の精神性からして、「殺すために殺す」というのは、かなり無理があると私は思っている。日本にも戦闘に明け暮れた戦国時代があり、戦場では殺し殺されることが日常であった。しかし日本では敵味方がぶつかり、勝負あったと見たならば、大将の首は取っても末端の兵士まで残らず殺戮する、ということは少なかった。例えば、豊臣秀吉の中国攻めにおける備中高松城の城主・清水宗治と城兵の例などに見られる。この時は、城主が切腹し、城兵は助けられた。

「討ち合い」「果たし合い」には命を賭して臨んだけれども、「殺戮」は好まない。これが大方の日本人の感覚であるし、ましてや数十万の人間を殺し尽くすという行為は、日本人の感覚には存在しない選択肢である。

繰り返しになるが、戦闘に巻き込まれ命を失った民間人や、また、一部軍紀の乱れなどで起こった捕虜の殺害については直視をしなくてはならないが、それが戦争であるという面もある。

戦争を起こさないためにどうするか、二度と戦争に巻き込まれないためにどうするのか。それが憲法改正を考える視点でもある。

私たちの国を守り、暮らしを守るということは、生活様式、価値観、倫理観を守ること

「戦前の歴史は悪である」。日本を占領したアメリカGHQは歴史上の事実にバイアスをかける方法とともに、日本を将来にわたって骨抜きにするため、その精神性や価値観の否定も行った。

大東亜戦争を通じてアメリカは日本人の精神性を知り、それをとても恐れた。先述した

とおり日本軍はあまりに強かった。だからこそ日本が二度とアメリカと戦うことのないように軍備を捨てさせ、新憲法で縛り上げ、徹底した情報操作で監視と洗脳を行っていった。

ＧＨＱは、日本人の強さの源が日本の伝統的な精神にあることを見抜いていた。そのためありとあらゆる手段を使って、戦前の日本精神を「時代遅れで、恥ずかしく、非文明的な悪いもの」と決めつけた。そして、日本人が自然とそう感じるように仕向けていった。

ＧＨＱは占領後すぐの昭和20年9月、「プレスコード（日本新聞規則に関する覚書）」ＳＣＡＰＩＮ―33「日本に与うる新聞遵則」で、ＧＨＱによる日本の新聞、出版における報道規制、検閲についての方針を決定し、発出した。

プレスコード（和田による現代語訳）

1．報道は厳格に、真実のみを伝えること

2．直接、間接を問わず、公安を害する恐れがあるものは印刷してはならない

3．連合国に対して、虚偽的または破壊的な批評をしてはならない

4．進駐軍への破壊的な批評、軍に対する不信や憤激を招くような記事は一切掲載してはならない

5. 連合軍の動向に関しては、公式に発表されたものだけを掲載し、それ以外の情報は掲載も論議もしてはならない
6. 報道記事は事実だけを述べ、筆者の意見を加えてはならない
7. 報道記事は宣伝目的で脚色してはならない
8. 報道記事は宣伝目的をもって、些細な事項を強調してはならない
9. 報道記事は細部を省略することで、その内容を歪曲してはならない
10. 新聞の編集に関しては、宣伝目的をもって特定のニュースを不当に小さく、あるいは大きく誇張してはならない

＊参考：占領軍の検閲指針として具体的な検閲内容28項目が挙げられている。（昭和21年11月25日付）
（1）SCAP――連合国最高司令官（司令部）に対する批判
（2）極東軍事裁判批判
（3）SCAPが憲法を起草したことに対する批判
（4）検閲制度への言及
（5）合衆国に対する批判
（6）ロシアに対する批判

（7）英国に対する批判
（8）朝鮮人に対する批判
（9）中国に対する批判
（10）他の連合国に対する批判
（11）連合国一般に対する批判
（12）満州における日本人取扱らについての批判
（13）連合国の戦前の政策に対する批判
（14）第三次世界大戦への言及
（15）ソ連対西側諸国の「冷戦」に関する言及
（16）戦争擁護の宣伝
（17）神国日本の宣伝
（18）軍国主義の宣伝
（19）ナショナリズムの宣伝
（20）大東亜共栄圏の宣伝
（21）その他の宣伝
（22）戦争犯罪人の正当化および擁護
（23）占領軍兵士と日本女性との交渉
（24）闇市の状況

(25）占領軍軍隊に対する批判
(26）飢餓の誇張
(27）暴力と不穏の行動の煽動
(28）虚偽の報道
(＊29）ＳＣＡＰまたは地方軍政部に対する不適切な言及
(＊30）解禁されていない報道の公表

（江藤淳『閉された言語空間』文芸春秋　１９８９年）

＊和田調べによれば、江藤書に挙げられている(29)と(30)については、江藤書が出典として挙げている「ＧＨＱ／ＳＣＡＰ文書ボックス」Record Group 331,Box No.8568）内の当該文書で記載がなく、検閲事項としていたのは28項目と考えられる。Press,Pictorial and Broadcast Division,"Explanation of Annex I to Monthly Report (a brief explanation of the categories of deletions and suppressions）",1946.11.25.（Record Group 331,Box No.8568）国立国会図書館所蔵資料の調査による。

このプレスコードによって、連合国とＧＨＱは自らに対する批判を禁止し、占領軍関連の報道については、公式発表のみを報道することを強要した。一切の独自取材を禁止し、日本が戦中に行った検閲よりも厳しい検閲をＧＨＱは行った。戦中の検閲は黒塗りや、該当部分の語句が削除され、どの文言が検閲されたか想像のつくものであったが、GHQは検閲がわからないように言い換えをさせたり、文章自体を書き換えさせるという巧妙なものであった。

さらに、日本人が普通に使ってきた「大東亜戦争」という言葉の使用を禁止し、「太平洋戦争」と言い換えるように指導した。「大東亜戦争」は「欧米列強からのアジアの開放」につながるため、GHQとしては都合が悪かったのである。

こうした言論統制によってGHQが行おうとしたことは、連合国や米国が正義であり、その価値観こそが優れたものであることを日本国民の意識に刷り込むことであり、戦前の日本の精神性や価値観を完全に破壊することが目的であった。そのためにGHQは徹底的と言えるほどの工作を行っていく。

例えば、ラジオ番組による洗脳工作は大掛かりに行われた。昭和20年12月、NHKラジオで『眞相はかうだ』という番組が始まる。これは大東亜戦争におけるさまざまな事象や戦局を取り上げ、その知られざる真相を明らかにするという番組だった。

この番組は巧妙に、真実も織り交ぜながらGHQに都合のよい戦史に書き換えて意識の中に植え付けようとするもので、NHKの独自の検証番組であるとされたが、台本はGH

Qが書いていた。その事実は厳重に隠された。

放送自体は10回程度のものだったが、繰り返し放送されたこともあって、多くの日本人が無意識のうちにこの番組で述べられたことが事実としてとらえられるようになった。「東条英機はひどい戦犯である」といった内容である。

また、この番組以降も「国民からの質問に答える」というQ&A方式の「真相箱」や「質問箱」といった番組が放送された。番組を聞いている一人ひとりが全く気付かないほどの巧妙さで、戦前の日本を否定し、米国の価値観を礼賛していった。

さらに、GHQは教育の面でも、当時の日本人だけでなく、将来にわたって日本人が自分たちのしたことを悔いて、戦前の価値観や道徳観などを否定し続けるよう、徹底的な対策を施していった。

まず、昭和20年12月、教員組合の結成を指示した。GHQが設置されたのが同年10月であるから、いかに早く手を打ったかがうかがえる。この指示に呼応するように全国で教職員による組織が生まれ、昭和22年に全国組織としてまとまったのが日教組である。

さらにそれまでの教育現場で用いられた「教育勅語」を捨てさせ、昭和22年には「教育基本法」を制定させて、教育現場を欧米の価値観に沿うように作り替えていった。

「教育基本法」は表向きには日本人が発案して作ったということになっているが、実態は大分違う。日本の教育者や学者が集まって委員会を作り、法案作成作業を行ったのは事実だが、実はその上部組織として「上級舵取委員会」[*1]なるものが存在していた。「上級舵取委員会」はその名のとおり、法律の趣旨や方向性のみならず細部に至るまでの舵取りを行った。すなわち教育基本法はGHQの意向に忠実に沿ったかたちで作られたものである。

その内容は「個の自由」が前面に押し出され、「国家への貢献」などの概念は完全に排除されたのである。

戦前の日本の価値観、精神性には多くの美点があり、それを教育の現場でも教えていた。今で言う「道徳」の授業にあたる「修身」を重要科目とし、日本人としていかにあるべきか、いかに生きるかということを、教育の場でしっかりと教えていた。

しかし日本精神を打ち砕くとなれば、こうした教育は都合が悪い。「戦前の日本はよくないことをした、あの価値観は誤りだった」。そうした刷り込みがしやすいように、教育現場も作り替えられていった。

教育現場においてGHQに都合のいい教員への入れ替えも行われた。GHQは昭和20年10月から12月にかけて教育の改革に関するいわゆる四大改革指令を発した。この四大指令

については文部科学省[*2]のホームページでもその目的が述べられており、そのページを参照しながら述べると、

第一の指令は、10月22日の「日本教育制度ニ対スル管理政策」で、教育内容、教職員、および教科目・教材の検討・改訂についての包括的な指示と、文部省に総司令部との連絡機関の設置と報告義務とを課したものである。

この指令に沿って、10月30日に第二の指令、「教員及教育関係官ノ調査、除外、認可ニ関スル件」が発せられた。これは、GHQの言う「軍国主義的思想」を持つ者の教職からの排除について具体的に指示したもので、これによりいわゆる「教職追放」が施行されることになった。

第三の指令は、12月15日に発せられた「国家神道、神社神道ニ対スル政府ノ保証、支援、保全、監督並ニ弘布ノ廃止ニ関スル件」である。

これは、信教の自由の確保と、GHQの言う「軍国主義」の思想的基盤をなしたと結論付けた国家神道の解体により、国家と宗教との分離を実現させようとしたものである。

そして12月31日に第四の指令「修身、日本歴史及ビ地理停止ニ関スル件」が発せられた。

これは日本的思想の排除を教育内容において徹底しようとするもので、修身・日本歴史・

地理の授業停止とそれらの教科書・教師用参考書の回収とを命じたものである。

これらの指令によって、日本的価値感や精神性を教えてきた教員が排除され、GHQの価値観に沿った教員や左派的思想を持った教員が子供たちの教育を行うこととなった。

特に左派的思想を持った教員は自身が反体制であるから、「日本はよいことをしてきた」という主張は認めない。だから過去の日本の行いを否定し、現在の政府のやり方すらも否定する。こうして「過去から現在に至るまでの日本の体制はよくないものだ」という視点が、教育現場に広まっていくことになる。

まだ物事の善し悪しを判断できない幼少の頃から、さらに多感な中学生・高校生の頃まで、このような偏った教育を受け続けていれば、ほとんどの生徒たちは「それが歴史上の真実だ」と思い込むはずである。まさに、私もそのような教育を受けてきた。

そのため、「日米開戦は日本の野心によるものだった」とか「日本軍は侵略先で残虐行為を繰り返した」とか、一面的な理解ばかりが広がってしまった。そして、そのような偏った歴史認識を持った子供が成長して親になり教師になり、自分の子どもや生徒たちにこう言うのである。「戦前の日本は悪だった。あんな国にしてはいけない」。こうして、負の再生産により、過去の日本を全否定する自虐史観が受け継がれていく。戦後、GHQによって作られた教育システムは、その後の日本にもダメージを与え続けている。日本人の価値観、倫理観、精神性が受け継がれなくなれば、それは日本人の生活様式の破壊、暮らしの破壊となり、国家としての強さは失われていくのである。

＊1 Higher Steering Committee
＊2 文部科学省「学制百二十年史・概説」http://www.mext.go.jp/b_menu/hakusho/html/others/detail/1318255.htm

教育勅語の精神をめぐるせめぎ合い

平成29年、国有地取引をめぐる問題の中心となった学園の幼稚園において、「教育勅語」が暗唱されていたことから、教育勅語が一部メディアや野党から批判されることとなった。

教育勅語は明治23年に発布された明治天皇の勅語であり、国民道徳の基本と教育の根本理念として学校教育において活用された。

教育ニ關スル勅語

朕惟フニ我カ皇祖皇宗國ヲ肇ムルコト宏遠ニ徳ヲ樹ツルコト深厚ナリ我カ臣民克ク忠ニ克ク孝ニ億兆心ヲ一ニシテ世世厥ノ美ヲ濟セルハ此レ我カ國體ノ精華ニシテ教育ノ淵源亦實ニ此ニ存ス爾臣民父母ニ孝ニ兄弟ニ友ニ夫婦相和シ朋友相信シ恭儉己レヲ持シ博愛衆ニ及ホシ學ヲ修メ業ヲ習ヒ以テ智能ヲ啓發シ徳器ヲ成就シ進テ公益ヲ廣メ世務ヲ開キ常ニ國憲ヲ重シ國法ニ遵ヒ一旦緩急アレハ義勇公ニ奉シ以テ天壤無窮ノ皇運ヲ扶翼スヘシ是ノ如キハ獨リ朕カ忠良ノ臣民タルノミナラス又以テ爾祖先ノ遺風ヲ顯彰スルニ足ラン斯ノ道ハ實ニ我カ皇祖皇宗ノ遺訓ニシテ子孫臣民ノ倶ニ遵守スヘキ所之ヲ古今ニ通シテ謬ラス之ヲ中外ニ施シテ悖ラス朕爾臣民ト倶ニ拳拳服膺シテ咸其徳ヲ一ニセンコトヲ庶幾フ

明治二十三年十月三十日

御名御璽

明治天皇が「朕惟フニ（思うに）」と述べられ、「一旦緩急あれば義勇公に奉じ、もって天壌無窮の皇運を扶翼すべし」とあることなどから、「天皇と皇室に身を賭して貢献するよう求めたとんでもないもの」などという的外れな意見が現代において見られる。

しかし、このような意見こそ的外れであり、わが国の成り立ちを全く理解していない。まず、教育勅語の現代語訳を読んでいただきたいと思う。

私は、私達の祖先が、遠大な理想のもとに、道義国家の実現をめざして、日本の国をおはじめになったものと信じます。そして、国民は忠孝両全の道を全うして、全国民が心を合わせて努力した結果、今日に至るまで、見事な成果をあげて参りましたことは、もとより日本のすぐれた国柄の賜物といわねばなりませんが、私は教育の根本もまた、道義立国の達成にあると信じます。

国民の皆さんは、子は親に孝養を尽くし、兄弟・姉妹は互いに力を合わせて助け合い、夫婦は仲睦まじく解け合い、友人は胸襟を開いて信じ合い、そして自分の言動を慎み、全ての人々に愛の手を差し伸べ、学問を怠らず、職業に専念し、知識を養い、人格を磨き、さらに進んで、社会公共のために貢献し、また、法律や、秩序を守ることは勿論のこと、非常事態の発生の場合は、真心を捧げて、国の平和と安全に奉仕しなければなりません。そして、これらのことは、善良な国民としての当然の努めであるばかりでなく、また、私達の祖先が、今日まで身をもって示し残された伝統的美風を、さらにいっそう明らかにすることでもあります。

このような国民の歩むべき道は、祖先の教訓として、私達子孫の守らなければならないところであると共に、この教えは、昔も今も変わらぬ正しい道であり、また日本ばかりでなく、外国で行っても、間違いのない道でありますから、私もまた国民の皆さんと共に、祖父の教えを胸に抱いて、立派な日本人となるように、心から念願するものであります。

(明治神宮【教育勅語の口語文訳】~国民道徳協会訳文による http://www.meijijingu.or.jp/about/3-4.html)


まさに現代にも通じる普遍的な勅語であり、内容を読まず中身を知らずに批判をしているのではないかと考えられる野党議員も見られた。

この教育勅語は、GHQに目を付けられ苦難の道を戦後歩んだ。昭和23年にはGHQの圧力のもと、国会で教育勅語の排除決議や失効確認決議がなされた。

これに対して私は平成26年4月の参議院文教科学委員会で、学校教育現場での活用について、政府の考えを質した。

〔参議院文教科学委員会　平成二十六年四月八日〕

○和田政宗君

私は、教育勅語について、学校、教育現場で活用すればとてもよい道徳教育になると思いますが、米国占領下の昭和二十三年に国会で排除決議や失効確認決議がなされています。こうした決議は関係なく、副読本や学校現場で活用できると考えますが、その見解でよろしいでしょうか。できれば大臣にお願いしたい。

○政府参考人（前川喜平君：文部科学省初等中等教育局長）

教育勅語は、明治二十三年以来、およそ半世紀にわたってわが国の教育の基本理念とされてきたものでございますが、戦後の諸改革の中で教育勅語をわが国の教育の唯一の根本理念とする考え方を改めるとともに、これを神格化するような取扱いをしないこととされ、これに代わって教育基本法が制定されたという経緯がございます。

このような経緯に照らせば、教育勅語をわが国の教育の唯一の根本理念であるとするような指導を行うことは不適切であるというふうに考えますが、教育勅語の中には今日でも通用するような内容も含まれておりまして、これらの点に着目して学校で活用するということは考えられるというふうに考えております。

○国務大臣（下村博文君：文部科学大臣）

今局長から答弁あったとおりでございますが、そのものを使うということについては相当理解を求める必要があるというふうに思いますが、ただ、その内容そのもの、教育勅語の中身そのものについては今日でも通用する普遍的なものがあるわけでございまして、この点に着目して学校で教材として使う、教育勅語そのものではなくて、その中の中身ですね、それは差し支えないことであるというふうに思います。

下村文部科学大臣の答弁のとおり、米国占領下での国会決議に関係なく、中身に着目して教育現場で活用できるのである。

教育勅語こそ、現在の日本に必要な精神だと私は思うし、仙台に住む私の友人（右も左もない中道的な友人）も、「初めて読んだのだけど、今こそ必要な精神であり、なぜ問題とされるのだろうか」との感想であった。

反対する人たちは、「戦前は悪である」という視点にとらわれすぎなのではないだろうか。私の教育勅語を評価する姿勢に対し、憲法学者とされる木村草太氏はラジオ番組で私を批判し、木村氏は「教育勅語は大日本帝国のために親孝行しよう、大日本帝国のために友だちと仲良くしようということが書いてある」と述べていたが、どこをどう読んだらそうなるのだろうか。

国旗掲揚や国歌斉唱といった ごく当たり前のことすらできなくなった日本

こうした日本的価値観の破壊は、国旗掲揚や国歌斉唱を行わないといった状況につながっている。これもまた、日本精神をくじくための教育界をはじめとした工作活動が効果を発揮してしまっていると言える。

今は基本的にはなくなったが、少し前までは公立小中学校で式典時の国旗掲揚と国歌斉唱が行われない学校があった。そして国立大学ではいまだに国旗掲揚も国歌斉唱も行われない大学がある。

私自身は第二次ベビーブームの最終盤の世代だが、義務教育の間に国歌・君が代を口にする機会は一度もなかった。入学式、卒業式、始業式、終業式で国旗が掲げられたこともない。

教育現場で国歌斉唱の時に起立する、しない、という話が顕在化してきたのは、1990年代になってからだが、それ以前から日教組をはじめとする反対派が、「戦前の軍国主義への回帰」「思想・良心の自由を侵害する」というとんでもない理由をつけて、国旗と国歌を排除しようとしてきた。

国旗掲揚や国歌斉唱に関して「国家主義を助長する」というようなことを主張する人々がいる。国の旗を掲げ、国の歌を歌うことが、なぜ一足飛びに「国家主義」にまで行き着いてしまうのか、どうにも理解ができない。

学校教育現場で、国旗と国歌がなぜ排除されてきたのか。日教組が「国旗国歌の強制反対」を掲げ、「日の丸はけしからん!」「君が代を歌わせるとは!」などと声高に叫ぶ教員や保護者が現れる、問題になりそうだから国旗掲揚は控えようかという流れが学校で生み出されてきた。

私が通っていた隣の小学校では、式典で国旗を掲揚したところ保護者が壇上に勝手に上がって国旗を引きはがし、その後その学校では国旗が掲揚されなくなってしまった。そして平成11年には、国旗掲揚国歌斉唱について教員から反対された広島県立世羅高校の校長が自殺している。

文科省の指導が徹底されるようになり、公立小中高校では100％近い国旗掲揚、国歌斉唱率になっているが、国旗を掲揚し国歌を歌うことがさもいけないことであるような意識づけは最近まで行われてきた。

私自身、小学校4年生のときに音楽の先生に、「先生、『君が代』をまだ一度も習っていません。教えてください」と言ったところ、「そのうちにね」と言われ、そのまま義務教育では一度も国歌を習わなかった。

日の丸・君が代を否定する人たちは、「日の丸は先の大戦での軍国主義の象徴である」「天皇への忠誠を誓う君が代を歌うのはおかしい」と主張するが、そもそもこうした考え方自体が事実を正確に理解していない。

日の丸は、そもそも太陽を象徴する旗で、その歴史は7世紀にまでさかのぼるし、君が代は長寿を願うお祝いの歌として10世紀前半の古今和歌集に収録され、明治維新までに何回も流行した歌である。「君」は天皇陛下に向けて歌えば天皇陛下のこととなるが、家族や親族で歌えば、家族や親族の年長者の長寿を願う歌となる。

日の丸と君が代に反対する人々は、その言動からもこのような事実を知らない人が多いと見られる。日本の伝統を知らず、自分が生を授かり、育てられ、暮らしている自分の国に敬意も誇りも持てないというのは、とても恥ずかしく、また貧しいことである。

子供たちの指導にあたる教員こそ、国旗と国歌の真実の意味を知り、そこに脈々と流れている精神性を、未来ある教え子たちに伝えていっていただきたいと思う。

「鎖国」「聖徳太子」が教科書から消える？

日本の精神性が受け継がれにくくなったことによって何が起ころうとしているか。歴史的事実を実質的に書き換えてしまおうという動きが自ら起こり始めた。

平成29年の学習指導要領の改訂で「鎖国」「聖徳太子」の文言が消えようとしていた。これは文科省の提案であったが、当然その案には有識者の意見が反映されている。

「鎖国」「聖徳太子」は後世につけられた名前なので使用しない、との案であったが、これら二つの言葉が消えてしまったら、日本の歴史に見られる精神性は受け継がれなくなる。

聖徳太子の「和をもって貴しとなす」という言葉が醸《かも》し出す日本人の精神性。聖徳太子は、非常に徳があり秀でた皇族であったことから「聖徳」という諡《おくりな》となった。しかし、「厩戸王《うまやどのおう》」で、聖徳太子の精神性が受け継がれるだろうか。また、「聖徳」は諡なので使用しないということになれば、歴代の天皇陛下は「天皇○○」と呼ぶことになり、そんなことはあり得ない。

そして「鎖国」について。出島で管理貿易が行われていたので「鎖国」という文言はおかしいという論だが、そもそも「鎖国」が成り立った理由を、そう述べる人たちはわからないのではないか。まさか、「鎖国」ができた理由が、左派の教育者にとって都合が悪いので、意図的に教えないことを狙っているということではないと思うが。

「日本は弱いから鎖国した」。こう教わった方も多いと思う。しかし、これは全く事実に反する。むしろ日本は強かったからこそ鎖国ができた。当時日本は世界最大の軍事強国であったので鎖国ができたと言えるのである。

それはどういうことか。実は日本と同じように東南アジアの諸国も鎖国をしようとした。

スペイン、ポルトガル、オランダ、イギリス等の欧州列強は、キリスト教の布教のみならず、軍事力によって地域を占領し植民地化しようと企てたので、「もう、こうした欧州の国々には国土から出ていってもらおう」という考えが東南アジア諸国に広がった。しかしながら、そうした東南アジア諸国は、欧州列強に「出て行ってください」と言ったそばから「何を言うか」と軍事力によって制圧され、植民地化されてしまった。

日本はなぜそうならなかったか。

日本においても江戸時代が始まると、欧州諸国の交易とともに続いてきたキリスト教徒の布教活動、それによる国内信者の増加を幕府は警戒しはじめ、一気に鎖国に傾く。

それまで交易していた諸外国を締め出し、イギリスは公館を引き払って撤退、スペインとは国交を断絶。ポルトガル船は入港禁止として、交易は中国とオランダのみを対象に、長崎の出島で行われるようになった。

幕府の鎖国政策が完成されていったのは17世紀の前半であるが、当時の欧州列強であるイギリス、スペイン、ポルトガルなどはその軍事力を背景に世界中で交易を行い、覇を競っていた。

このような強国が、日本の幕府から「おたくとはもう取引しないから、来ないでくれ」

と言われて「はい、わかりました」とおとなしく引き下がるものだろうか。

寛永17年（1640年）には、ポルトガルから「わが国との交易を再開してもらえませんか」と使者団がやってきたが、ポルトガル船は入港禁止となっており、幕府は60名ほどのポルトガルからの使者を処刑した。普通に考えれば戦争になっていておかしくない事件だが、なぜそうならなかったのか。

それは当時の列強各国において、日本が強国として認識されていたからである。安土桃山時代、豊臣秀吉は「唐入り」と称して朝鮮に出兵した。当時、世界の大国であった明を征伐するというのだから大変な話であり、そして実際に朝鮮半島まで乗り込んだ。しかも豊臣秀吉をはじめ日本の各大名が保有していた鉄砲は圧倒的な数で、すでに世界最多の保有数を誇っていた。

このような状況は、キリスト教宣教師や交易商人によって本国に伝えられる。当時、スペインが支配していたマニラの提督が本国に送った書簡が残っているが、そこには「もし日本に攻めてこられたらひとたまりもないから、防衛のために援軍を送ってくれ」と記されている。マニラ（フィリピン）は日本から海を隔てて向かい合っているから、提督の不安もわからないではない。

そして、もう一つ、世界が日本を強国だと認識した理由は、伊達政宗公による慶長遣欧使節にある。

政宗公は仙台藩とスペインの植民地メキシコとの太平洋間貿易に道を開こうと、欧風帆船を建造しヨーロッパに使節を派遣した。仙台藩士・支倉常長をはじめとする使節はこの船で太平洋を横断してメキシコ・アカプルコに到着。そこから大西洋に出てスペインの艦船に乗り、首都マドリードでスペイン国王に謁見。その後ローマ教皇にも謁見している。

使節団は国王と教皇、それぞれに宛てた親書を携えていたが、この親書の中で、政宗公は自身を「奥州王」と称していた。「奥州王・伊達政宗」と記していたのである。それを見た人々は、はるか遠い日本という国について、切れ切れの情報をつなぎ合わせて想像を膨らませた。

日本から来た使節団はみな知的であり、堂々と振る舞っている。和紙のような紙の技術も持っており、服装も素晴らしい。また、われわれのように海外進出を重ねてきたわけでもないのに、太平洋を渡れる船を短期間で造り上げる技術力があり、財力がある。これを行っているのが「奥州王」、つまり奥州という日本の一地域の支配者だという。

どうやら日本は中央集権国家で、各地にはその土地を治める地方王がいて、その上に全国の王を束ねる「将軍」や「皇帝」がいるということではないか。地方の王がこれだけの力を持っているとなると、将軍や皇帝の力はどれほど強大なのか想像もつかない。鉄砲も国内で大量生産できるというし、日本がこんな強国だったとは知らなかった。これは下手に手を出さないほうがよい。

その結果、日本は欧州列強の間で「七大帝国」の一つに数えられるようになった。そのため諸外国からの侵略を受けることもなく、鎖国が成立したのである。

結局、慶長遣欧使節団は、交易を始めることはできず、その後は日本国内でもほとんど忘れられていた。ところが明治時代になって岩倉具視を中心とした海外使節団が組織され、ヨーロッパにおもむいた時、すでに250年以上も昔に日本から使節団が訪れていたという事実を知り、大いに驚き、勇気づけられたという話も残っている。

こうした事実を知っていれば、「鎖国」という言葉がどれだけ重要かを理解できるはずである。

国としての多数の鉄砲の保有とその軍事力、伊達政宗公の遣欧使節団による外交力も功を奏し、日本は鎖国政策を継続し、欧米列強による侵略と植民地支配を免れることができたわけである。

鎖国政策の成立と存続は、見方を変えれば当時の列強に対して「戦わずして勝った」結果である。日本の圧倒的な軍事力が抑止力として存在し、「七大帝国の一角」と諸外国にそう思わせるだけの強さが、日本にはあった。それは国としての強さだけでなく、国を構成する人々一人ひとりの強さでもあったであろう。そうした日本人の意志があったからこそ鎖国ができたのである。

しかしその後、平和な世の中が続いたことによって日本はその平和を享受するのみで、平和が何によってもたらされているかを忘れ、軍事力の近代化を行ってこなかった。それが幕末の黒船来航、不平等条約の締結につながっていくのである。

今の日本の状況と幕末の状況は似てはいないだろうか。国と国民を守るために何が必要なのか、鎖国と開国の歴史からしっかりと学ばなくてはならない。

憲法の三大原則は後に作り出され、戦争放棄が強調された

憲法改正の議論に臨むにあたり、憲法の成り立ちにおいても歴史から正しく学ばなくてはならないものがある。

例えば日本国憲法の三大原則。これは繰り返し学校教育で教わってきたものであると思うが、実は、現行憲法の施行当時から言われていたのではないことを理解しなくてはならない。

現行憲法を改正する機運が、昭和27年のサンフランシスコ講和条約締結による主権回復以降高まる。自由民主党が昭和30年、憲法改正を党是として自由党と日本民主党とが合同して誕生する。

しかし、こうした流れを阻止しようという動きが左派勢力を中心に巻き起こる。憲法の崇高な精神である9条の「戦争放棄」を守れという喧伝である。

共産党はまさにその流れを、思想転換しながら主導した。

実は共産党は、昭和21年の帝国憲法改正を議論した衆議院において、野坂参三議員（後の日本共産党議長、ソ連のスパイとして共産党を除名）が、9条のような条文があると「民族の独立が守れない」として、党として9条（＝第二章）創設に反対している。

〔衆議院本会議　昭和21年8月24日〕

私（野坂参三）は日本共産党を代表しまして、今上程されました委員長報告修正案及び之と切離すことのできない全憲法草案について、私たちの所見を述べ、この修正案及び原案全体に対して反対の意見を述べたいと思うのであります。

〔略〕

当憲法第二章は、わが国の自衛権を放棄して民族の独立を危くする危険がある、それ故にわが党は民族独立のためにこの憲法に反対しなければならない。

しかし、共産党はいつの間にか方針転換し、「平和のためには9条を守れ」と声高に叫ぶようになった。

そして、憲法記念日の集会などでは、左派勢力や護憲派が、現行憲法の「三大原則を守れ！」と言う。特に「戦争放棄（平和主義）」を主眼に訴える。

ただ、この現行憲法の「三大原則」は、戦後「護憲派」が作りだした恣意的な呼び方だということをご存知だろうか。

当然、現行憲法のどこにも、どれが三大原則だということは書かれていない。

実は、政府が昭和22年に、現行憲法の内容解説のため作った中学校社会科の副読本「あたらしい憲法の話」では、憲法の前文に示された原則として「民主主義」「国際平和主義」「主権在民主義」が挙げられている。すなわち「国民主権」「基本的人権の尊重」「戦争放棄（平和主義）」ではないのである。

また、本文の解説では、六大原則となっている。それは、「民主主義」「国際平和主義」「主権在民主義」「天皇陛下」「戦争の放棄」「基本的人権」。

大学などで憲法を体系的に学ばれた方は特にご存知だと思うが、基本的原則はないという説もあるし、社会権や議会制民主主義が入るという説もある。

すなわち、「三大原則」は一つの説にすぎず、戦後、護憲派の憲法学者を中心に喧伝され広められた極めて政治的な意図を持つものなのである。

なぜ、政治的意図を持つのか。

三大原則ではなく、六大原則を紹介したうえでその他種々の説があると教えるのであれば理解できないこともない。しかし、護憲派が三大原則をなぜ喧伝したかということを読み解くと、この三つだけは憲法の「原則」なので変えてはいけないということにつなげ、憲法改正派に9条改正をさせないという意図のもと生じたものだと分析することができる。

こうした護憲派の喧伝をうのみにし教科書に載せてしまっている出版社や（執筆者が護憲派というのはあるが）メディアは、憲法改正派の憲法学者の論拠なども参考にしながら、正しく現行憲法を解説してほしい。

戦後教育や護憲派による教育によって思い込まされていることは、憲法の歴史や内容、他国の憲法と比較するなど、憲法を知れば知るほどウソだということがわかる。

そもそも、憲法96条に規定されている改正の発議すら阻止すること自体、憲法の精神を否定しているが、護憲派は「憲法は変えてはならない」と言い続けている。

国民投票によって国民が意思を示すことが民主主義であり、憲法の不備を直したり、よりよいものにしていくための改正なのだが、それすらもさせないという論拠は、国や国民を思うのではなく、自我の塊でしかないと言えよう。

第三章

9条以外の、現行憲法の問題点と論点

9条以外の問題点と論点とは

日本国憲法は、GHQが慌てて作り日本に押し付けた憲法であることは述べてきたが、条文が精査されなかったので被っている条文もある。それが基本的人権にかかわる第11条と第97条である。

第11条は、

国民は、すべての基本的人権の享有を妨げられない。**この憲法が国民に保障する基本的人権は、侵すことのできない永久の権利として、現在及び将来の国民**に与へられる。

第97条は、

この憲法が日本国民に保障する基本的人権は、人類の多年にわたる自由獲得の努力の成果であつて、これらの権利は、過去幾多の試錬に堪へ、**現在及び将来の国民に**対し、**侵すことのできない永久の権利として**信託されたものである。

となっており、太字で示した部分が重複している。

なぜこれほど重複しているかだが、実はGHQ草案では第97条の条文が本来の第11条だったが、日本側は「表現が憲法の文章としてなじまない」と削除しようとしたところ、GHQ側から「ホイットニー民生局長の手書きの文章であり削らないでくれ、後の章にでも入れてくれ」と要請され、日本は飲まざるを得なかった。飲まなければ第一章の天皇陛下に関わる部分など、ほかの条文に飛び火する可能性があったからである。

これは、GHQと条文についての交渉にあたった佐藤達夫法制局第一部長の手記に明確に記されている。

このような言わば恥ずかしい重複がある憲法を、この部分についても改正すらせず後生大事に守るのだろうか。

この97条を自民党の憲法改正草案では11条と重複しているため削除しているが、野党議員は「97条の削除は基本的人権をないがしろにするものだ」などと批判している。

しかし、日本国憲法の成り立ちが分かれば、そんな主張は生まれないはずで、そのような主張を展開する人は全く不勉強であると言わざるを得ない。97条は憲法が最高法規であるという観点から述べられている、という人もいるが、無理に条文を加えたことは明らかであり、憲法解釈によっていびつな日本国憲法をなんとか憲法として維持していこうという無理な論理である。

また、「て・に・を・は」がおかしい、という部分もある。例えば憲法前文の「平和を愛する諸国民の公正と信義に信頼して〜」だが、「公正と信義を信頼して」が文法上は正しい。そのほかにも「恐怖と欠乏から免れ」は「恐怖と欠乏を免れ」が本来の用法である。

どうして重複があったり、語句の用法が間違ったりというかたちになってしまったのか。一つには、その原案がきわめて短期間で作られ、原案作成を行ったGHQ内の部署に、憲法に詳しい専門家がほとんどいなかったことにある。そのため、世界中の憲法や憲章、宣言、条約文などを手当たり次第に集めてきて、なんとか格好がつくように大急ぎで作るはめになったことは先述した。コピペを繰り返したのでおかしな部分が出るし、日本側も慌てて訳したので、語句の用法もおかしくなったのである。

さらに、GHQが原案を作ったことによって、現行憲法には緊急事態条項が創設されなかった。これは日本軍があまりに強かったために、もう二度と日本がアメリカと戦うことのないように、憲法によって日本には軍隊を持たせずアメリカ軍が駐留し日本を防衛するという考えがあったわけだが、災害時においても消防などでの対応が困難な場合はすべて米軍が任務にあたる考えだったからである。

当時の憲法では緊急事態条項まで考え得るものでなかったとの説もあるが、大日本帝国憲法には、第8条において「災厄時の勅令の発出」、第14条で「戒厳令の宣告」、第70条で「緊急時の予算の拠出」が定められているし、世界各国を見ても1990年以降に作られた憲法にはすべて緊急事態条項が記されている。

日本国憲法は私権を大きく認めている。個人の利益や権利を広く大きく認めており、それは現行憲法の特徴でもあるのだが、一方で極端な個人主義に歯止めをかけられないという面がある。それが現実問題として起こり得るのが、やはり大地震などの大規模災害の時である。

例えば、首都圏で直下型地震が起こり、広範囲で大きな被害が出たとする。住宅やオフィスビルが密集しているから、大至急、安全な場所に避難しなくてはならない。ところが都市部は人口が多いうえ、広い空き地などはなかなかない。公立学校や公園など、あらかじめ指定を受けている避難場所は、すぐに一杯になってしまう可能性がある。

この時、「さらに避難場所を確保するために、球場を貸してほしい」と政府が球場を所有する球団に依頼したとする。しかし、その球団に「芝生やスタンドが痛むのでお断りします」と言われれば、それ以上のことはできないのである。

球場を所有する球団が「避難者を入れてほしい」という政府の要請を拒否することはないとは思うが、私有地についてはこのような状況に陥るのである。

現行憲法の規定に沿えば、こうしたことは実際に起こり得る。そのために被災者が増えてしまえば、私的権利を尊重するあまり、国民を守れないということになってしまう。これは憲法の基本精神からしてもおかしな話となる。

これに対し、緊急事態条項があれば、大災害時など災害時の私有地使用について強制力が生まれ、出た損害については政府が補償するか、責任をもって原状回復をすることになる。これによって、円滑な避難や救出活動、消火活動などができることになる。

東日本大震災以降、災害時の対応については、法律の整備が進んできた。道路上に放置された車を移動することは、円滑にできるようになっている。だがすべての法律の基礎となる憲法で、緊急時の対応について規定しておかないと、思いがけないところで行き詰まってしまう。

世界各国の憲法においては、1990年以降に制定された憲法に例外なく「緊急事態条項」が規定されていることは述べたが、地震や洪水などの大規模な自然災害、さらに軍事的な攻撃を受けた場合など、多数の国民に被害が及ぶ緊急時にどう対処するかが定められている。

日本において、実際にどのようなかたちで憲法に定め運用していくのか、これはいろいろなやり方が考えられる。

なにしろ緊急時であるから、内閣が法律と同様の効力を持つ政令を発するかたちや、政令や法律に代わる命令（緊急法令）というかたちで指示を出すことになるであろう。議会の承認はもちろん必要だが事後承認でよいのか、あるいは諮問委員会のようなかたちで常置委員会を設置しておくか。いずれにせよそうした枠組みは作っておかなくてはならない。

災害は、いつやって来るかわからない。例えば衆議院が解散していて、さらに参議院との衆参同時選挙などという時期に何らかの大災害が起こってしまったら、集まれるのは参議院の半数、121人だけである。しかもすべてがすぐに集まることができるか。そんな事態も想定して、例えば常置委員会を置いておけば、政府として機能不全に陥ることを回避できるはずである。

日本は自然災害の多い国であるし、近年は立て続けに大災害が起こっている。それなのに緊急時の対応が憲法上記されておらず、そのために政府のできることも限られる。

緊急時の財政出動に言及されていないという点も含めて、**緊急事態条項は憲法に不可欠なものである。改正にあたっての最重要項目の一つだと私は考えている。**

コピペだらけの憲法前文は恥ずかしくないか

「日本国憲法の崇高な精神は前文にある」という人がいる。実質3日で原案が作られた現行憲法はコピペだらけであると述べてきたが、その最たるものは憲法前文であり、その事実を知ればこの前文を後生大事に守っていくのか疑問に思われる方も多くなるだろう。

以下、日本国憲法前文に用いられたと思われる原典を見てみたい。

〔日本国憲法前文〕

日本国民は、正当に選挙された国会における代表者を通じて行動し、われらとわれらの子孫のために、諸国民との協和による成果と、わが国全土にわたつて自由のもたらす恵沢を確保し、政府の行為によつて再び戦争の惨禍が起ることのないやうにすることを決意し、ここに主権が国民に存することを宣言し、この憲法を確定する。

〔アメリカ合衆国憲法前文〕

われら合衆国国民は、一層完全な連邦を形成し、正義を樹立し、国内の平安を保障し、共同の防衛に備え、一般の福祉を増進し、われらとわれらの子孫に対する自由の恵沢を確保する目的で、アメリカ合衆国のためにこの憲法を確定する。

〔日本国憲法前文〕

そもそも国政は、国民の厳粛な信託によるものであつて、その権威は国民に由来し、その権力は国民の代表者がこれを行使し、その福利は国民がこれを享受する。これは人類普遍の原理であり、この憲法は、かかる原理に基くものである。われらは、これに反する一切の憲法、法令及び詔勅を排除する。

〔リンカーンのゲティスバーク演説〕

人民の、人民による、人民のための政府は、この地上から滅びないであろう。

〔日本国憲法前文〕

日本国民は、恒久の平和を念願し、人間相互の関係を支配する崇高な理想を深く自覚するのであつて、平和を愛する諸国民の公正と信義に信頼して、われらの安全と生存を保持しようと決意した。

〔マッカーサーノート（マッカーサー三原則）〕

日本は、その防衛と保護を、今や世界を動かしつつある崇高な理想に委ねる。

〔日本国憲法前文〕

われらは、平和を維持し、専制と隷従、圧迫と偏狭を地上から永遠に除去しようと努めてゐる国際社会において、名誉ある地位を占めたいと思ふ。

〔アメリカ・イギリス・ソ連によるテヘラン会談における宣言〕

われらは、その国民が、われら三国国民と同じく、専制と隷従、圧迫と偏狭を排除しようと努めている、大小全ての国家の協力と積極的参加を得ようと努める。

〔日本国憲法前文〕

われらは、全世界の国民が、ひとしく恐怖と欠乏から免かれ、平和のうちに生存する権利を有することを確認する。われらは、いづれの国家も、自国のことのみに専念して他国を無視してはならないのであつて、政治道徳の法則は、普遍的なものであり、この法則に従ふことは、自国の主権を維持し、他国と対等関係に立たうとする各国の責務であると信ずる。

〔アメリカ・イギリスによる大西洋憲章〕

両国は、あらゆる国民に対し、その国境内で安全に居住する手段を与え、かつ、あらゆる国のあらゆる人々が恐怖と欠乏から免れてその生を全うし得るという保障を与える、平和が確立されることを希望する。

〔日本国憲法〕

日本国民は、国家の名誉にかけ、全力をあげてこの崇高な理想と目的を達成することを誓ふ。

〔アメリカ独立宣言〕

われらは、互いにわれらの生命、財産及びわれら神聖な名誉にかけ、神の摂理の保護に強く信頼してこの宣言を擁護することを誓う。

（伊藤哲夫『明治憲法の真実』致知出版社　２０１３年）

こうして見てみれば、いかに憲法前文が欧米のさまざまな歴史上の文書をつなぎ合わせたものであるかがわかると思う。一目瞭然であるから多くは述べない。ただ、この前文コピペについても大学を含め学校教育現場では教えないから知らない人が多い。この点は変えていかなくてはならない。自らの生存を自らの力ではなく、諸国民の公正と信義に委ねる点も含め、憲法前文の改正は必須であると考える。

天皇陛下について書かれた憲法第1章をどうするか

第一条　天皇は、日本国の象徴であり日本国民統合の象徴であつて、この地位は、主権の存する日本国民の総意に基く。

現行憲法では天皇陛下は「日本国民統合の象徴」とされているが、この意味は正しく理解されているだろうか。歴代の天皇陛下は、ひとえに国民の安寧のために祈るご存在であり、直接政治を行う親政は、国家の危機的状況や転換期に限られ、明治維新までに親政を行ったのは後醍醐天皇など数代だけであった。

欧米的な王と民の関係、支配する側と搾取される側でなく、日本において天皇は常に国民を思うご存在であり、大日本帝国憲法においても、わが国にとって最も重要である憲法第一章第一条について熟考がなされた。

帝国憲法の起草の中心となった井上毅は、その原案で「大日本帝国ハ万世一系ノ天皇之ヲ治ス（しらす）処ナリ」という条文とした。井上毅は大日本帝国憲法の原案作成にあたり、古事記など神話の世界までさかのぼり、わが国の国体研究を行った。

その際に井上は、「治める」という言葉に関し、古事記において「しらす」と「うしはく」という言葉が使い分けられていることに気付く。天照大御神や歴代天皇に関わるところでは「しらす」という言葉が使われ、大国主神をはじめとする国つ神においては「うしはく」が使われていたのである。

井上はこの点について「言霊」と題した論文の中で次のように分析している。

「うしはく」というのは、西洋で「支配する」という意味で使われている言葉と同じである。つまり、日本では豪族が占領し私物化した土地を、権力を持って支配するようなとき、「うしはく」が使われている。それに対し、「しらす」は、同じ国を「治める」という場合の意味で用いる場合でもまったく違う。「しらす」は「知る」を語源としている言葉で、天皇はまず民の心、すなわち国民の喜びや悲しみ、願い、あるいは神々の心を知り、それをそのまま鏡に映すように我が心に写し取って、それと自己を同一化させ、自らを無にして治めようとされているという意味である。

（伊藤哲夫『明治憲法の真実』致知出版社　２０１３年）

このように述べているように井上は「しらす」という言葉こそ、わが国の国体を最も表すと考えた。しかし、帝国憲法においては「しらす」ではわかりにくく英訳もしにくいということで「統治す」となった。

私は、今こそこの「しらす」の精神にもう一度向き合うべきであると考えており、天皇陛下を「元首」であることを明記したうえで、「象徴」としてのご存在を規定し直すべきであると考える。

天皇陛下が憲法上「元首」であれば、戦乱や大災害によって想定外のことが起こり、通常の統治機構や政府機能がマヒし日本国自体が存亡の危機に立った時に、最終的な権限を行使する根拠ともなる。

現在の民主主義国家・日本においては国民が国を統治(うしはく)し、天皇陛下は「しらす」ご存在である。天皇陛下に関わる第一章第一条は、わが国の国体を表す条文としなければならないだろう。

天皇の国事行為をどう定めるか

第七条　天皇は、内閣の助言と承認により、国民のために、左の国事に関する行為を行ふ。
一　憲法改正、法律、政令及び条約を公布すること。
二　国会を召集すること。
三　衆議院を解散すること。

四　国会議員の総選挙の施行を公示すること。
五　国務大臣及び法律の定めるその他の官吏の任免並びに全権委任状及び大使及び公使の信任状を認証すること。
六　大赦、特赦、減刑、刑の執行の免除及び復権を認証すること。
七　栄典を授与すること。
八　批准書及び法律の定めるその他の外交文書を認証すること。
九　外国の大使及び公使を接受すること。
十　儀式を行ふこと。

現行憲法の第7条は、天皇陛下の国事行為について十項目を定めているが、宮中祭祀等についての規定がない。天皇陛下による祭祀は国民の安寧を願って行われているものであり、国事行為として規定すべきものであると考える。

宮内庁のホームページにも記載があるが、主要なものだけでも24の祭祀がある。ご覧いただければわかるが、いずれも五穀豊穣を祈ったりわが国と国民のために行っているものであり、国事行為そのものではないだろうか。

また、国会の開会式へのご出席や被災地のご訪問について、憲法上の根拠がないと主張する人もいる。であれば、やはり規定すべきである。

東日本大震災においては、天皇皇后両陛下の行幸啓によって被災地の人々は非常に勇気づけられた。天皇陛下は被災地の避難所では膝をおつきになって、被災者一人一人の声に耳を傾けられた。

被災者は天皇陛下の温かいお心に涙し、陛下がお越しになりお声をかけていただいたことで「絶望から救われた。もう一度頑張ろう」と、被災のどん底から立ち上がった方を私も目の当たりにしている。

天皇皇后両陛下の被災地ご訪問は通算で20回にも及ぶ。これはお出ましの回数であるので、ご訪問先となると100か所を超える。誠に有難いことである。

こうした天皇陛下の行幸についても、元首の公的行為として、憲法上しっかりと規定すべきであると考える。

日本国は天皇陛下のご存在があってこそ皇室維持のためどうするか

第二条　皇位は、世襲のものであつて、国会の議決した皇室典範の定めるところにより、これを継承する。

私は、女系天皇など日本の歴史を無視した議論をなくすためにも、男系男子での皇位継承を憲法上明示すべきであると考える。

その際、皇室を将来も維持していくためにはどうするかという問題がある。

現在は秋篠宮家の悠仁親王殿下が最も若い皇族における男系男子であり、悠仁親王殿下の世代でほかに皇族の男系男子はいらっしゃらない。

私は現在の状況を鑑みれば、旧皇族方の男系男子の皇籍復帰について考えるべきであると思う。

悠仁親王殿下がおられるのに、そうした話をするのがふさわしいのかという議論がある。

だが、私は、今のうちに考えなくてはならないことであると思う。

現在の皇族方のお子様が女子のみになってしまったら、男系の皇統はそこで途絶えてしまう。「では女系天皇を立てればよいだろう」という主張もあるが、そんなことは日本の歴史と国体からもあり得ない。

女性天皇と女系天皇を混同している方がいるかもしれないので解説すると、女性天皇と女系天皇とは全く別のものである。

女性天皇とは、父が天皇であったり、父方のみをたどって天皇にたどりつく天皇であり、推古天皇など過去に8人10代の女性天皇がおられる。

一方、女系天皇とは、父方のみをたどった場合に天皇にたどりつかない天皇である。すなわち、母が天皇もしくは皇族であっても、父が皇族ではない。例えば、女性天皇が、非皇族の男性と結婚し生まれた子供が天皇となれば「女系天皇」である。

女系天皇はわが国の歴史上おらず、男系で125代2700年近くにわたり天皇家は続いてきた。

これこそがわが国の国体であり、「女系天皇」を推進しようとする人々は、正しくわが国の歴史を理解していないか、意図をもって歴史や国体を破壊しようという思想に立っている場合が多い。

また、皇族の減少に合わせて「女性宮家」を創設し、内親王が非皇族とご結婚された後もご公務を継続していただこうという論がある。

しかし、「女性宮家」はわが国の歴史上創設されたことはなく、「宮家」は皇位継承権を持つ男系男子によって創設されるものである。

皇籍離脱された内親王殿下にご公務を継続していただくにしてもさまざまな方法があり、「女性宮家」についても正しい理解を持たなければ、なし崩し的に「女系天皇」につながる危険性がある。ひいてはわが国の国体が破壊されることになる。

こうしたことを考えると、やはり戦後に皇籍を離脱した方々に、再び皇籍に復帰いただくという方法しかないと考える。

昭和22年、皇室の財産が国庫に納められたことから、皇室の財政は先の見えない状況に陥ってしまった。そのため昭和天皇とそのご兄弟宮のみを残し、そのほかの方々が皇籍を離れ、それによって皇室存続の道を拓いたのである。

この時、皇籍を離れたのは11宮家、51名。この方々のうちしかるべき方に皇籍に復帰いただき宮家を再興することや、現在の宮家の養子となるという方法もある。悠仁親王殿下の世代の男系男子皇族が増えることによって、皇室の維持をより強固にすることができる。

そもそも昭和の皇籍離脱はGHQの指令による皇室財産の国庫編入がその直接的な原因であり、皇室を維持させるための緊急避難的措置でもあったはずである。

皇籍復帰については、一度離脱された宮家なのだから困難ではないかという意見もある。しかし、第25代の武烈天皇に直系の皇位継承者がいなくなった際、祖父の曾祖父（五代前）である第15代応神天皇までさかのぼり、さらにそこから男系をたどって五代下って、継体天皇が第26代天皇として即位したという例がある。

それを考えれば、皇籍離脱した方々の皇籍復帰はおかしなことではなく、今のうちに手を打つべき段階に来ている。

そして、多くの皇族方の皇籍離脱のもととなった皇室経費についてもこの際、憲法上見直しを行うべきであると考える。

第八十八条　すべて皇室財産は、国に属する。すべて皇室の費用は、予算に計上して国会の議決を経なければならない。

とあるが、国家が皇室を縛りすぎるかたちになっている。皇室は皇室として財産を持ち、増補や贈与をする場合には国会に諮《はか》るかたちにすればそれで事足りるのではないか。

皇室典範も戦後、法律として改正には国会の議決を要することとなったが、天皇家と皇族方の家法でありルールであり、それに対してわれわれが首を突っ込むのはおかしな話である。

皇室典範の改正に国会の議決は要しない、また皇室典範によって憲法が影響を受けないよう整えるべきではないだろうか。

日本の皇室には非常に長い歴史があり、それは日本という国の成り立ち、精神性や文化、人々の価値観などに、深く広く、そして静かに作用している。皇室と日本と私たち日本人は常に一つであり、ひとつながりのものでもある。

歴代の天皇陛下が国を思い、民を思って祈りを捧げてこられ、２６００年以上も続いてきたそのつながりを、断ち切ってはならない。

現行憲法には家族を守る規定がない

日本国憲法に不足している大きな点はまだある。それは、家族の尊重や保護についての事柄が挙げられる。私は自民党憲法草案に見られるような家族尊重規定を設けなくてはならないと考える。

〔自民党憲法改正草案　第24条〕

家族は、社会の自然かつ基礎的な単位として、尊重される。家族は、互いに助け合わなければならない。

野党は、この自民党憲法改正草案の「家族」についての条文について特に批判してきたが、これは1948年の世界人権宣言で家族（家庭）の保護について述べられ、1966年の国際人権規約でも「家族は、社会の自然かつ基礎的な単位であり、社会及び国による保護を受ける権利を有する」と規定しており、この精神と合致するものである。

ＥＵ諸国においてもほとんどの国が憲法に家族尊重規定を置いている。

例えばドイツの場合、基本法（憲法）第6条で5項にわたって規定されている。「婚姻および家は、国家秩序の特別の保護を受ける」（第1項）と、家族を国の重要な単位と規定。そのうえで「両親の子に対する教育の権利と義務」（第2項）、「親権者に故障がある場合の子どもの保護規定」（第3項）などを盛り込んでいる。

イタリアでは、憲法第31条に「家庭の形成と責務遂行に対する国家の義務」が書かれている。

また、欧州の憲法ともいえる欧州基本憲章でも「家族の生活の尊重」規定がある。欧州諸国の憲法は、家族を社会の基本単位、教育単位として重んじている。

国内における野党の批判は、「家族に関する条文の制定は、戦前の家父長が強い制度に戻そうとするものだ」というものだが、そもそも家族は社会の最小単位であり、お互いに助け合って生きていくものである。個人の尊重で事足りるわけではない。

家族から始まる社会における協力は、すなわち日本に住む人々お互いの協力となっていく。これを否定する人たちは、日本人同士の協力や日本社会が強くなっていくことを肯定したくないのだろうか。

また、この問題と直接的に絡むわけではないが、憲法上、日本社会の構造変化により直視しなくてはならない問題も出てきている。それは地方の人口減少による参議院の「合区」問題である。

この問題は、都市への人口集中、地方の過疎化という問題から生じているが、現行憲法の条文からは一票の格差がほとんど許容されず、都市への国会議員の集中を生み出している。

国を守るという観点からは直接関係ないように見える。また、都市部の国会議員が地方の振興策もしっかりやればよいということでもあるのだが、国会は多数決の民主主義であるので地方の声が切り捨てられることも考えられる。

地方の活力がさらに失われ、集落がなくなり国土が廃れることは、国土保全の観点からも国の将来に影響を及ぼすし、豊かな里山や海とともに生きてきた日本民族の文化も失うことにつながらないだろうか。

国会議員の能力があればそれで解消可能なのか、やはり地方からしっかりと国会議員が選出されるかたちを取るのか。この問題も議論が必要である。

第四章

憲法「改定」試案

私たちの手で憲法を「改定」するために

いよいよ私の憲法「改定」試案について述べていく。ここまで速やかなる9条改正について紙幅を費やして述べてきたが、ここからは「憲法の全面改定」を前提とした話となる。まず、憲法改定にあたり、どのような点に留意しなくてはならないのかを述べる。

1．憲法改定論議の進め方について

◉憲法改定の議論をするにあたっては、「憲法とは何か」、「国のあり方」を議論したうえで憲法の条文の議論に入るべきである。現在の憲法の条文をもとに足したり引いたりするだけであれば継ぎはぎだらけになってしまう。

◉現行憲法の条文のマイナーチェンジではなく、全く新しい憲法草案を作成する。

◉新しい憲法草案を作成するに際しては、「憲法に明記すること」と「法令で定めること」を分ける。

◉日本国憲法の「全面改定」は可能。全面改定ができないのは、国民投票法が逐条ごとの改正になっているからであり、あくまでも法律の問題である。よって一括改正（全条改定）を可能とするよう国会法も改正すべきである。

◉どうしても一部改正を先行せざるを得ない場合でも、憲法「前文」の改正をしっかり意識しなくてはならない。部分改正を繰り返し、「前文」をそのままにしたら、全体が不整合となり、継ぎはぎだらけの憲法となってしまう恐れがあるため、「前文」の改正は極めて優先度が高い。

2．そもそも憲法とは何か。歴史を踏まえたコモン・ロー（国体＝憲法）との関係について

◉「憲法」とは、条文化されていない「その国の歴史」そのもののことであり、「国体」を意味する。実は帝国憲法において、条文化された部分を「憲法」と称したが、正確には「憲法典」と称すべきであった。「日本の歴史＝国体＝憲法」を無視して制定された日本国憲法は「『憲法』違反の憲法典」とも言える。

◉今の憲法論議は、「憲法典」論議になってしまっている。まず初めに「国家経営のためにこれだけは書いておこう」という方針があって、その後で「各条文をどう表現するか」があるはずであるのに、現在は「日本国憲法の条文をどう手直しするか」とい

う話に終始してしまっている。

3．現行憲法の制定経緯の問題について

◉敗戦後、日本国政府は、帝国憲法の一部手直しで対応できると考えていた。国民も革命的な変動を期待したわけではなかった。それに対して連合国側からGHQ草案が出て、それを翻訳し、もとにした日本国憲法ができた。国民の中からの「主権を獲得するのだ」という動きによってではなく押し付けられたかたちで現行憲法は制定された。

◉このような歴史的経緯の結果、国民の中に「自分たちの手で憲法を作った」という当事者意識は生まれなかった。そのため、「国家はどうあるべきか」、「国家を自分たちはどうやって維持していくのか」、「現在のみならず将来の国民に対して自分たちがどのような責任を負っていかなければならないのか」、というような意識が極めて希薄になってしまっている。

4．憲法と慣例（運用）との関係について

◉憲法を含め、すべての法律は、運用が重要（憲法習律）になる。イギリスでは法律を、

法体系に組み込まれた慣例と考える。明文化されていない慣例だからといって必ずしも破られるわけではない。

◉例えば、2010年のイギリスの内閣組閣の時に、労働党のブラウン内閣が総選挙で敗れたが、第三党の自民党と連立を組めば政権の維持が可能であった。しかし、ブラウンが自民党と連立の交渉を始めたその時に、労働党の幹部からストップがかかり、第一党の保守党に政権が明け渡された。なぜイギリスでは、日本の細川内閣の時のようなことにならなかったのかと言えば、「慣習を破ると制裁が待っている」と考えたからである。「選挙民の意思を裏切る行為をすると、次の選挙で制裁を受けて、党が壊滅してしまう」と考えた。イギリス憲法学の言葉に、「国際法を守るのは軍事力であり、憲法を守るのは世論の力である」というのがあり、こうした「慣例」を守る運用が重要である、との国民的合意が必要である。

5. その他の論点

◉日本国憲法第7条第4項「国会議員の総選挙の施行を告示すること。」の「総選挙」は誤りであり「選挙」が正しい。参議院は3年ごとの半数改選なので（第46条）、国会議員の「総選挙」など存在しない。日本国憲法には間違いや誤植があるのに戦後、一字一句変えられなかった。誤植の一文字さえ訂正できないことはおかしなことである。

1. 前文

前文は、日本固有の歴史・思想・文化など、日本人が心の拠り所としてきた伝統的な価値観を確認し、日本の国柄を明らかにするとともに、時代の要請に応じて将来に向け担保していくべき新しい価値観を表明するものでなければならない。

例えば、カンボジア王国憲法「前文」は国柄が記されている。

我々、カンボジア国民は、ダイヤモンドの如く威信が光り輝き、偉大な文明を持ち、繁栄し、豊かかつ広大な領土を持ち、栄光に満ちた国家の歴史を有し、この数十年間にわたり、苦悩及び破壊に陥り、没落という非常に残念な経験を持ち、そのことを反省し、国家の統一を強化し、貴重な領土、主権及びアンコール文明を守り抜き、民主主義、多党制、人権保障、法の遵守及び国家の将来に対する高い責任感をもって「平和な島」を再建し、永続的な繁栄及び豊かさを達成するために、みんなで一致団結して立ち上がる。

上記のように固く決意をして、ここで本憲法を制定する。

（法務省「カンボジア王国　憲法」http://www.moj.go.jp/content/001182872.pdf）

〔規定すべき内容〕

①歴史があって憲法があることを明記する。

◉人権の上に何があるか、外国の憲法の場合「神と歴史」だが、日本国憲法の場合「人類普遍の原理」となっており、世界的に見ても異例。

◉イギリスにはコモン・ロー（国体＝憲法）的な共同体統治の歴史がある。日本にも十七条の憲法や、五箇条の御誓文などがあるので、憲法の中に要素として尊重されるべき。

◉根本的な問題は、日本国憲法が前文で、社会契約説（国家や社会は平等な個人間の契約。人民と主権者の契約により成り立つとする学説）を前面に打ち出して権利を捉えている点である。もし、憲法改定にあたって今の憲法の権利の規定と同じ表現を使ったとしても、

「前文」を社会契約説にもとづくものではなく、わが国の歴史から始まるような内容にすれば、捉え方が180度変わるはずであり、歴史的な権利との位置づけができる。

②歴史的な遺産としての国民主権と代議制

◉日本国の主権は歴史を引き継いだ日本国民一人ひとりに存する。個々の国民は主権者としての自覚をもって、自らのあり方や国家としての振る舞い方を考えなければならない。

◉代表者は、主権者たる国民からの負託を真摯に受けとめ、運命共同体としての国家＝国民全体に対する重い責任を自覚しつつ、国政を行わなければならない。

③自由と民主主義の尊重

◉日本国民は、自由と民主主義を尊重し、この価値を体現する国の体制を堅持する。

④自助・共助・公助の尊重

◉日本国民は、自律的個人たるべく努めるとともに、自己と同じく他者を尊重し、相互協力の精神をもって、共通の困難を克服し、日本国および世界諸国の繁栄と平和の実現に積極的に貢献する。

⑤伝統・文化の継承と発展

◉日本国民は、日本固有の伝統や文化を継承する。日本固有の伝統、文化を尊重する旨を明記することも考える。

⑥自主憲法制定の趣意

◉この憲法は、日本固有の伝統的な価値観と、日本の未来を切り拓くために必要な新しい価値観にもとづいて、日本国民がその総意により制定した自主憲法である。

2. 天皇

天皇陛下におかれては、日本国および日本国民統合の象徴であるとともに、対外的に日本国を代表する国家元首であることを明らかにし、その地位にふさわしい権能を付与しなければならない。

〔規定すべき内容〕

①象徴的元首

◉日本は古来から、天皇をもって意識されてきた。天皇に対する意識は、現在の天皇陛下に対するものと言うより、むしろ天皇というものの中に感じる国家意識である。これを位置づけるという意味で、古来より国民とともにあり続けてきた天皇は、日本国および日本国民統合の象徴であり、その地位は、国の伝統と国民の歴史的な総意にもとづくことを明記する。

◉天皇は、対外的に日本国を代表する国家元首としての法的地位を有する。

②天皇の権能

◉天皇は、国家元首に通有の権能を行使するとともに、国民のために、重要な国務を権威づける国事行為、皇室の歴史および伝統に由来する儀式、ならびに象徴としての地位にもとづく公的行為を行う。

◉国家元首は、普段は儀礼を行う存在であるが、政府機能が完全に麻痺し国家存亡の危機に陥った時には最終的な統治権を行使する。ただし、最終手段であり、現実論としては、憲法に盛り込むのではなく、法律で対応する。

③男系男子による万世一系の皇位継承

◉天皇の地位が国の伝統と国民の歴史的な総意にもとづくことに鑑み、男系男子による万世一系の皇位継承を憲法上の原則として堅持する。

④典憲体制

◉皇室典範のあり方を、国民があれこれと論じること自体に違和感がある。

◉今の法律体系では、皇室典範は憲法の下位法と定義されているが、帝国憲法下では、帝国憲法と対等の存在であった。皇室の家法である皇室典範と国家の最高法である憲法が、相互不干渉であることにより相互補完の関係にあった。この「典憲体制」を踏まえることを明記する。

3. 国民の権利・義務

わが国の歴史的な産物である基本的人権は、最大限尊重される。ただし、個人が他者との共生のうえに成り立つ存在であることから、人権の行使に際しては、権利に伴う義務、自由に伴う責任を自覚し、他者の権利・自由を尊重し、個人の権利と国家・社会の利益との調整を図らなければならない。

〔規定すべき内容〕

①権利と義務、自由と責任

◉日本国民は、自己および他者の権利を尊重し、不断の努力によってこれを保持するとともに、人権保障の前提となる国家・社会の秩序を維持するために求められる義務、非常時に求められる義務を果たさなければならない。

◉緊急事態時などにおいて、公益のため必要な役務に服する義務を有することを明記する。国家や国家の秩序を守っていくことこそが、自分たちの基本的人権を確保することになる。自分たちの権利を守るためにも、国民が自らの責任で国家という基盤を守らなければならない。

◉権利および自由の行使に際しては、それが他者や国家・社会に及ぼす影響に配慮しなければならない。

②人権の制約原理

◉個人の権利行使は、他者の権利との関係においてのみならず、国家・社会の利益との関係においても調整を必要とする。そのための人権制約原理を、「公共の福祉」という曖昧な概念ではなく、「公共の福祉」を、国際人権規約「経済的、社会的及び文化的権利に関する国際規約（A規約）」の第8条「国の安全若しくは公の秩序のため又は他の者の権利及び自由の保護のため」というかたちでより具体的で明確な概念で規定する。

◉国家緊急事態時や表現の自由に対する権利の制約などは、国際人権規約に明記されている権利制約条項を援用する。

③既存の人権の新たな位置づけ

◉表現の自由は、個人の名誉やプライバシーの保護、青少年の保護育成のために、一定の規制を受ける場合があることを明記するか否か。

◉政教分離原則は、あくまでも個人の信教の自由を確保するための手段であるから、日本古来の多神教的風土、日本人の宗教意識の雑居性などに鑑み、儀礼・習俗の範囲内で国や地方公共団体が宗教的なものにふれることに過剰で無意味な規制がかからないよう配慮する。

④新しい権利・義務

◉人権に関する条項の数はできる限り絞り込み、法律で規定するかたちにする。

◉個人の尊重および男女同権に加え、社会の自然かつ基礎的な単位である家族の価値を尊重し、人権の通則的原理として規定する。

◉憲法で環境権を規定すれば、経済活動を損なう恐れがあるので明記することは避ける。

◉今回は条文として規定していないが、すでに判例上確立されている「プライバシー権」、情報公開法等の立法政策により具体化されている「知る権利」など、新しい時代の要請に応える内容を盛り込むことは検討に値する。

（参考）

◉日本国憲法にあって自由権規約（国際人権規約）にないもの：請願権、政教分離、学問の自由、財産権、現行犯以外の令状によらない逮捕の禁止、捜索・押収の令状主義、自白の証拠能力など。

◉自由権規約にあって日本国憲法にないもの：被拘禁者に対する人道的処遇、自国に戻る権利、外国人追放に対する手続的補償、戦争宣伝および差別唱道の禁止、家族の保護、公務就任権、少数者に属する人の文化、宗教、言語の享有権など

◉刑事訴訟に関する部分については細かすぎるので簡略化する。

◉現行憲法27条「労働の権利と義務」は、日本人の心情に一致しているものの、仕事のない失業状態になっても憲法違反とは言えないなど抽象的権利に過ぎないため、憲法に明記するかどうかは検討が必要。↓今回の憲法改定試案には盛り込まない。

4．国会

国会については、二院制の意義、とりわけ第二院たる参議院の役割を明確化し、国会の

立法機能と政府監視機能の強化を図らなければならない。
「国会は国権の最高機関」の部分が三権分立と矛盾する点については検討を要する。

〔規定すべき内容〕

①参議院の位置づけと役割

◉参議院に「地域代表をもって組織される良識の府」としての憲法上の位置づけを与え、それにふさわしい選挙制度が公職選挙法を通じて構築されるよう促す。

◉参議院の選挙区選挙については、参議院議員はそれぞれの地方の代表との位置づけに鑑み、1票の格差については問題視しない。現行憲法の条文をもとにするならば、第47条2項として例えば「但し参議院議員についての選挙区を法律で定める場合においては、必ず都道府県（広域自治体）の各選挙区から半数改選ごとに1以上の議席を与えなければならない。」を加える。

◉参議院には、条約承認、決算承認など特定の案件に関する先議権、優先議決権または専権を付与するなど、「良識の府」にふさわしい役割を割り当てることは検討の余地。

◉一方、国会同意人事、特に日銀人事について、ねじれ国会となった参議院に拒否権を与えると、金融政策に関する政府の権限を奪うことになりかねない。

②両院関係の再構築と立法機能の強化

今回の憲法試案には盛り込まなかったが、今後の国民的議論に値するもの。

◉法律案の議決における衆議院の優越を徹底し、衆議院主導による迅速な立法を促す一方、参議院には、議案の成立を拒否するのではなく、一時的に停止させる権能を付与することにより、衆議院とは異なる観点から慎重な審議を促す役割を割り当てる。

◉衆議院と参議院の判断が異なった場合、両院協議会を開く。両院協議会で決着が着かなかった場合は、現行憲法では、衆議院で3分の2の再議決が必要になっているため、2分の1にするかどうかを検討する。

③行政監視機能の強化

これも今回の憲法試案に盛り込まなかったが、検討の余地がある。

◉政党政治を前提として、議院内少数派が国政調査権を有効に行使できるような手続を定め、政府＝与党に対する国会の監視機能を強化する。

④政党について

◉憲法や民主制は、国家が存在して初めて成立するものである。よって、政党については、国家の存在を認めることを最低限の条件とする。

◉近代政党の三要素は、綱領・全国組織・議員であることを前提に、政党についての定義を行う必要性がある。

◉憲法に明記するのであれば、法律にもとづいて役割を果すことを明記する。

⑤国の財政への関与

◉国会は、内閣が作成して国会に提出した予算を審議し、決算報告を受けるだけにとどまらず、国の財政運営について責任を負うべきである。

◉財政規律条項については憲法に規定してしまうと、将来の柔軟な財政政策を妨げる恐れがある。

◉財政の複式簿記化の規定は必要だが、それは財政基本法の話で、憲法に入れる必要はない。

5. 内閣

内閣総理大臣の権限を強化することにより、国民に対する責任を負って、迅速、適切かつ公正に国政を主導し得る強い政府を構築しなければならない。

〔規定すべき内容〕

①行政権の主体

◉行政権は引き続き内閣に属するものとするが、議院内閣制の枠内で、強い政府の構築を図る。

◉内閣総理大臣の衆議院解散権を明確にする。その他の権能についても首相独任制的性格の強化を図ることを検討する。

②内閣総理大臣の新たな権限

◉内閣総理大臣が非常措置権および軍の指揮監督権を有する旨明記し、その行使に憲法上の制約を加えることにより、非常事態への迅速な対処を可能にするとともに、文民統制を確保する。

◉帝国憲法よりも日本国憲法のほうが優れているのは、第68条2項「内閣総理大臣は、任意に国務大臣を罷免することができる」の部分。なぜならば、帝国憲法では、内閣総理大臣には国務大臣罷免権がないに等しかったので、大臣が一人造反しただけで辞めなければならなかった。

◉内閣総理大臣が憲法改正の発議を行えるかどうかは検討が必要。

6. 司法

〔規定すべき内容〕

三権の中で、司法権がより積極的な役割を果たすことができるようにするため、司法への国民参加の拡充と憲法裁判の活性化を図らなければならない。

①憲法裁判の活性化

◉通常の裁判所とは別に憲法裁判所を設置し、具体的事件の有無とは無関係に、国家行為の合憲性を審査することができるようにする。

②軍事裁判所規定の創設

◉軍事裁判所を置けるようにする。もしくは、軍事審判所を置き、最終判断は最高裁判所に委ねる規定を設ける。

7. 安全保障

侵略戦争を否認して平和主義を堅持するとともに、自衛のための戦力を保持し、国際平和および安全の維持ならびに人道上の支援のための活動に協力し貢献する旨を規定すべきである。

〔規定すべき内容〕

①侵略戦争の否認

◉日本は、他国の独立と主権を侵害する侵略戦争を絶対に行わず、他国がそれを行うことも認めない。

◉日本は、不断の外交努力によって国際紛争の未然防止に努め、紛争が発生した場合には、平和的解決に全力を傾注する。

◉国際平和への貢献ということだけで何らかの対外的な行動を取るのであれば、憲法でその根拠や理念を明確にしておくかどうか検討を要する。

②自衛のための軍と戦力の保持

◉自衛のための戦力としての軍の保持を明確に認める。

◉自衛隊に対する内閣総理大臣の指揮監督権および国会の承認を通じた民主的統制の原則を明記する。

◉軍法に関する判断のみを行う軍事裁判所を設置する。

③自衛権の確認

◉他のすべての主権国家と同じく、日本が個別的および集団的自衛の固有の権利を有し、これを行使することができる旨を確認する規定を置く。

◉国家の平和と独立の確保は、憲法うんぬんの前に、まずもって守らなければならない大前提である。国家の平和と独立が脅かされている時に、それを憲法が妨害するなどということはあり得ない。

④国家緊急事態条項

◉他国からの武力攻撃はもちろん、テロや近隣諸国による戦争、大規模災害などの国家緊急事態に迅速に対処するとともに、有事にあっても憲法秩序を維持し、権力の濫用や簒奪《さんだつ》を防ぐため、内閣総理大臣による非常措置権の行使と国会による民主的統制を明文化する。

◉国家緊急事態に際し、憲法および法律にもとづいて国および地方公共団体が実施する措置に協力する国民の責務を明文化する。

◉東日本大震災の際には、憲法に緊急事態条項がなかったために、流されて来た車を移動させようとすると、財産権の侵害であると指摘された。広島土砂災害の際には、立ち入り禁止地区を指定できず、マスコミや地元の人がどんどん入ってきて、復旧作業に支障を来した。財産権と移動の制限については、憲法に明記するかどうか検討を要する。

◉緊急命令制度（緊急法令）を採用する方向で検討する。国家的な緊急事態（外国からの攻撃、内乱、大規模テロ・サイバー攻撃、大規模自然災害など）において、国会が集会できない場合や特に緊急を要する場合、内閣が法律に代わる命令（緊急法令）を発して対処し、危機を克服した後、国会の承認を求めるというもの。緊急命令制度を採用した例としては、大日本帝国憲法（8条）やオーストリア憲法、イタリア憲法、スウェーデン憲法などにある。

◉危機を克服し、より多くの国民の生命・財産を守るため、あくまでも一時的に一部国民の権利・自由を制約する。国民の権利を制限するにあたっては、通信の秘密等一部はやむを得ないとしても、基本的に精神的自由については制限しない。制限されるのは、居住・移転の自由、職業選択の自由、財産権など経済的自由が中心になる。

◉内閣が機能麻痺に陥ってしまった場合、どうするか。米国のように、大統領の継承順位を最後まで決めておく方法もあるが、内閣そのものが存在しなくなったり、あるいは政府機能が麻痺してしまった場合はどうするのか。2・26事件は、天皇が帝国憲法における安全保障の最後の切り札として機能した例であり、最終的な方策としての、天皇の役割は重要である。

8. 国と地方の関係

今回の憲法試案では、規定を置かなかった。大日本帝国憲法では規定されておらず、日本国憲法でも第92条から第95条の規定にとどまる。法律で対応する。

ただ、規定をするならば、地方自治地域（市町村）の自治を基本とし、国と地方の関係を再構築する必要性がある。

〔規定すべき内容〕

①広域自治体と基礎自治体を規定する。

◉地方自治は、統治機構の問題であり、地方をどうするかではなく、国全体をどうするかの観点から議論する。

◉公の統治は、主権者の自己統治を原則とし、それを基礎自治体が補完する。広域にわたる事務や基礎自治体の処理になじまないものは、広域自治体に委ねる。教育実務や福祉などは、できるだけ国民に近いところで行えるようにするため、基礎自治体が担う。警察や経済、交通網などは広域自治体が担う。広域自治体が自分たちで税を集め、自分たちで議論して、自分たちで産業政策を考え、自分たちで発展を目指せるようにする。ただし、これらの点を憲法に明記する必要があるかどうは検討を要する。

◉政府は、国だけとする。「地方政府」、「道州政府」という言葉は憲法上使わない。

②国の専権事項

◉グローバル化する世界で日本国を強くするため、現在の何でも国がやらなければならない現状を正すとともに、地方公共団体の権限拡大によって国益が損なわれる事態が生じるのを防ぐため、皇室、外交、安全保障、財政、社会保障・国家的危機管理政策、教育の基幹的部分など、国の排他的権限に属すべき事項を明示し、それ以外は基本的に地方自治体に移管する。

③公務員の人員数について

◉②に伴い、国会議員と国家公務員の数を減らすことができる。ただし、このことを憲法に明記する必要はない。

9. 憲法改正手続

憲法改正を通じて憲法を時代の要請に適合させることを可能にするため、適切な憲法改正手続規定を設ける。

〔規定すべき内容〕

①国会発議の要件

◉憲法改正の国会発議に必要な多数を、「各議院の総議員の過半数の賛成」とする。

②国民投票の要否

◉国会が発議した憲法改正は、国民投票で有効投票総数の過半数の賛成をもって成立する。ただし、国会発議が各議院の総議員の3分の2以上の賛成をもってなされたときは、国民投票を要せずに、憲法改正が成立する規定についても検討の余地がある。

↓ドイツ、ベルギー、アメリカ等の諸国を参考にする。

具体的な条文について

本稿は、あくまで日本の国家運営の原則を明確にするための「たたき台」であり、実際の草案は、用語、構成等をはじめとして参議院法制局または衆議院法制局の手を借りて起草することとなる。

基本的な考え方

①戦前の不備を踏まえた帝国憲法の修正案である松本烝治案、および日本国憲法を踏ま

え、全く新しい憲法草案を作成する。
②議院内閣制と三権分立を基調としたこれまでの統治機構を引き継ぎ、日本国が歴史と伝統を誇る立憲君主国であることを明確にする。
③立憲主義にもとづき、国民の自由と権利を守る。
④平和主義を守り、国家緊急事態に対応できる仕組みとする。
↓内閣や国会が機能していない事態でも対応可能とする仕組みとする。
⑤憲法典には必要最小限のことを明記し、詳細は法律に委ねる方法を採用する。
⑥できるだけ平易な言葉を使用する。

前文

日本国は、豊かな自然に彩られた美しい国土のもと、国民統合の象徴である万世一系の天皇を元首として戴く国であって、悠久の歴史と伝統を有する国家である。

われわれ日本国民は、和を貴び、他者を慮り、公の義を重んじ、礼節を兼ね備え、多様な思想や文化を認め、独自の伝統文化に昇華させ、豊かな社会を築き上げてきた。

日本国民は、わが国を誇りと気概を持って守り、基本的人権を尊重するとともに、家族や社会全体が互いに助け合って国家を形成する。

わが国は、平和主義の下、諸外国との友好関係を増進し、世界の平和と繁栄に貢献する。

われわれ日本国民は、国の主権者として、悠久の歴史と誇りある伝統を受け継ぎ、わが国を発展させ、継承していくために、五箇条の御誓文以来、大日本帝国憲法および日本国憲法に連なる立憲主義の精神にもとづき、ここに自主的に新日本国憲法を制定する。

第一章 天皇

〔天皇は元首〕
第一条 日本国の元首は、長い歴史と文化、伝統を象徴する天皇であり、その地位は、国民の歴史的な総意にもとづく。

〔男系男子孫による皇位継承〕
第二条 皇位は世襲である。
2 天皇の位は、皇室典範の規定に従って、男系子孫がこれを継承する。

〔天皇は法的に責任を問われない〕
第三条 天皇は、この憲法の条文に従ってその権限を行使する。ただし、天皇は、法的に責任を問われない。

〔天皇が三権の長を任命〕

第四条　天皇は、衆議院および参議院それぞれの選任にもとづいて、衆議院議長および参議院議長を任命する。

2　天皇は、国会の指名にもとづいて、内閣総理大臣を任命する。

3　天皇は、内閣の指名にもとづいて、最高裁判所長官を任命する。

〔立憲君主としての権限〕

第五条　天皇は、内閣の進言を得て、以下のことを行う。

一　祭祀及び儀式を行うこと。

二　この憲法が改正された場合の改正憲法、法律、政令および条約に署名し国璽を捺し、その公布を行うこと。

三　国会を召集し、ならびにその開会、閉会、および停会を宣言すること。

四　衆議院の解散を宣言すること。

五　国務大臣および法律の定めるその他の官吏を認証すること。

六　大赦、特赦、減刑、刑の執行の免除および復権を認証すること。

七　栄典を授与すること。
八　批准書および法律の定めるその他の外交文書を認証すること。
九　外国の大使および公使を接受すること。
十　元首としての地位にもとづく公的行為を行うこと。

〔摂政の設置〕
第六条　天皇の代わりに摂政を置くときは、皇室典範に従う。
2　摂政は天皇の名前で、その権限を行使する。

第二章　安全保障

〔平和主義〕
第七条　日本国民は、正義と秩序を基調とする国際平和を誠実に希求しており、侵略戦争を永久に行わない。

2　国家固有の権利として自衛権を保持し、自衛のための軍その他の戦力を保持する。

〔軍の最高指揮権〕

第八条　内閣総理大臣は、法律の定めるところにより、軍の最高指揮権を有する。

〔軍の民主的統制〕

第九条　軍の組織と人員、予算は、法律をもってこれを定める。

↓つまり、国会での議決が必要であり、国会による民主的統制の下に軍があることを明確にする。

第三章　国民の権利・義務

〔国民の要件〕

第十条　日本国民の条件は、法律で定める。

〔財産権の保障〕

第十一条 日本国民は、その財産権を侵されない。

2 私有財産は、法律の定めるところにより、正当な補償のもとに、これを公共のために用いることができる。

↓以下、国民の自由と権利は、外国人にも準用する。

〔言論の自由〕

第十二条 日本国民は、集会および結社ならびに言論、出版などの表現の自由がある。

2 日本国民は、法律に反しない限り、政治活動の自由がある。

〔信教の自由〕

第十三条 日本国民は、心の中でいかなる宗教を信じることも自由である。

2 他の者の権利を損なう行動を取らない限り、いかなる権力もこの権利に干渉してはならない。

〔居住と職業選択の自由〕
第十四条　日本国民には、法律に反しない限り、居住、移転および職業選択の自由がある。
〔家族に関する基本原則〕
第十五条　家族は、社会の自然かつ基礎的な単位として尊重される。家族は互いに助け合わなければならない。
〔裁判を受ける権利〕
第十六条　日本国民は、行政権力から独立した裁判官の裁判を受ける権利を奪われることはない。
〔逮捕・捜索における令状主義〕
第十七条　日本国民は、その住居、書類および所持品について、侵入、捜索および押収を受けることがない権利は、正当な理由にもとづいて発せられ、かつ捜索する場所および押収する物の明示する令状がなければ、侵されない。

〔国家権力に蹂躙されない自由〕

第十八条　日本国民は、法律の定める手続きによらなければ、その生命もしくは自由を奪われ、またはその他の刑罰を科せられない。

2　日本国民は、拘留または拘禁された後、無罪の裁判を受けたときは、法律の定めるところにより、国にその補償を求めることができる。

〔通信の秘密〕

第十九条　日本国民は、法律で定められた例外を除けば、通信の秘密を侵されない。

2　前項に対する制限は、特別の法律または裁判所が発する令状がなければ、行うことができない。令状の要件は、法律で定める。

〔請願権〕

第二十条　日本国民は、別に定めた規定に従えば、請願を行うことができる。

〔選挙権〕

第二十一条　日本国民は、法律に定める資格に応じ、公務員になることができる。

2　参議院議員もしくは衆議院議員、または法律で定める特別の公務員の選挙権および被選挙権は、日本国民固有の権利である。

3　前項の選挙については、普通選挙が保障される。

〔労働団結権〕

第二十二条　日本国民は、法律に反しない限り、勤労者の団結する権利および団体交渉その他の団体行動をする権利がある。

↓国際労働機関（ＩＬＯ）に加盟しており、あえて憲法典に労働権を明記する必要はないとの判断もあるが、その一方で、外資などの日本に進出してくる企業に対して日本人労働者の利益を守るという観点から、この条項を入れる必要がある。

〔国家緊急事態における権利・自由の制限〕

第二十三条　第三章に掲げた条文は、国家緊急事態に際して、国の安全もしくは公の秩序のため、または他の者の権利および自由の保護のため、制限されることがある。具体的なことは法律で定める。

→国際人権規約「経済的、社会的及び文化的権利に関する国際規約（A規約）」第8条の文言を参照した。

〔納税の義務〕

第二十四条　日本国民には納税の義務がある。この義務の内容は法律で定める。

→「納税は、国家の構成員たる国民が国家の公費を分担する」という思想にもとづく。「公共からの利益の享受の見返りとして納税する」という発想は、「享受する利益がなければ納税は拒否してよい」というかたちで、国家の一員であるとの自覚を毀損することになる。

→外国人についても当然、所得税などを課すが、これは、公共からの利益の享受に対する見返りという位置付けとなる。

〔緊急事態における義務〕

第二十五条　日本国民は、公益のため必要な役務に服する義務を有する。この義務の内容は法律で定める。

↓人権保障の前提となる国家・社会の秩序を維持するために求められる義務。緊急事態に際して憲法および法律にもとづいて、国および地方公共団体が実施する措置に協力する義務を果たさせることで、自らの生存と人権を守ることを明文化する。

第四章　国　会

〔二院制〕

第二十六条　国会は、参議院と衆議院の両院で構成される。

〔参議院は地域代表〕

第二十七条　参議院は、法律の定めるところによって選挙された議員をもって組織するものとする。各選挙区は、人口を基本とし、行政区画、地勢等を総合的に勘案して定めなければならない。

2　参議院議員の任期は6年とし、3年ごとに議員の半数を改選する。

↓「一票の格差」という議論は排除する。

〔衆議院は全国民代表〕

第二十八条　衆議院は、法律の定めるところにより全国民を代表する、選挙された議員をもって組織する。

2　衆議院議員の任期は4年とする。ただし、衆議院解散の場合には、その期間満了前に終了する。

〔両院議員の兼職禁止〕

第二十九条　何人も同時に両議院の議員であることはできない。

〔国会の毎年召集、会期と延長〕

第三十条　国会は毎年、これを召集する。

2　国会の会期は三か月以上とし、必要がある場合はこれを延期することができる。

〔臨時会の召集〕

第三十一条　臨時緊急の必要がある場合は、常会のほか、臨時会を召集することができる。臨時会の会期は法律で定める。

2　いずれかの議院の総議員の四分の一以上の要求があれば、二十日以内に、その召集が決定されなければならない。

〔両院同時活動の原則〕

第三十二条　国会の開会、閉会、会期の延長、停会は、両院が同時にこれを行わなくてはならない。

2　衆議院が解散したときは、参議院は同時に停会される。

〔衆議院の解散〕

第三十三条　衆議院の解散は、内閣総理大臣が決定する。

2　衆議院が解散したときは、解散の日から四十日以内に、新たな議員を選挙させ、その選挙の日から三十日に国会を召集しなければならない。

〔立法権、議決権、法案提出権〕

第三十四条　両議院は、政府の提出する法律案を議決する。

2　両議院は、それぞれ法律案を提出することができる。

〔国会の定足数、議事の評決と衆議院の優越〕

第三十五条　両議院はそれぞれ総議員の三分の一以上が出席するのでなければ、議事を開き議決することができない。

2　両議院の議事は、この憲法に特別の定めがある場合を除いては、出席議員の過半数でこれを決し、可否同数のときは、議長の決するところによる。

3　衆議院で可決し、参議院で否決されたり修正されたりした法律案は、衆議院で三分の二以上で再可決すれば、衆議院で決めたとおりの法律になる。

4　衆議院の可決した法律案が参議院に送られてから、国会休会中の期間を除いて三十日以内に参議院がその法律案を議決しないときは、衆議院の議決を国会の議決とする。

〔会議の公開〕

第三十六条　両議院の会議は公開する。ただし、議員の決議によって、秘密会とすることができる。

2　両議院は、おのおのその会議の記録を保存し、秘密会の記録の中で特に秘密を要すると認められるもの以外は、これを公表し、かつ一般に頒布しなければならない。

〔一時不再議の原則〕

第三十七条　参議院か衆議院のどちらかが否決した法律案は、第三十五条3の場合を除いて、その会期の間は再提出できない。

〔行政監視〕

第三十八条　参議院も衆議院も、法律について、またはその他の事件が起きたときに、院としての意見を政府に建議することができる。
ただし、採用されなかった建議については、同じ会期に建議することはできない。

〔国会の規則制定権〕

第三十九条　両議院は、この憲法と法律に掲げるもののほか、院内部の整理に必要な諸規則を定めることができる。

〔議員の免責特権〕

第四十条　参議院議員と衆議院議員は、国会の中で発言した意見や投票行動について、院外において責任を問われることはない。

ただし、議員自らがその発言を、演説・刊行・筆記その他の方法で国会の外に知らせたときは、法律によって処分される可能性がある。

〔議員の不逮捕特権〕

第四十一条　参議院議員と衆議院議員は、現行犯または内乱外患に関する罪を除き、その議員の所属する院が許さない限り、逮捕されない。

2　会期前に逮捕された議員はその院が要求したときは、会期中、釈放しなければならない。

〔参議院常置委員会〕

第四十二条 参議院は、法律の定めるところにより、常置委員会を設ける。参議院常置委員会は、以下のことを行う。

一 緊急法令に関する事項を審議すること。

二 罷免の訴追を受けた裁判官を弾劾裁判すること。

三 検察官の公訴を提起しない処分の当否を審査すること。

四 前号以外に必要とされる案件を審議すること。

第五章 内閣

〔行政権、内閣〕

第四十三条 行政権は、内閣に属する。

2 内閣は、法律の定めるところにより、その首長たる内閣総理大臣およびその他の国務大臣でこれを組織する。

3　すべての法律と政令は、国務大臣の副署がなければその効力を有しない。
4　内閣は、国会に対してその責任を有する。

〔内閣総理大臣の指名〕
第四十四条　内閣総理大臣は国会議員の中から国会が指名する。

〔国務大臣の任免〕
第四十五条　内閣総理大臣は、国務大臣を任命する。ただし、その過半数は、国会議員の中から選ばなければならない。
2　内閣総理大臣は、任意に国務大臣を罷免することができる。

〔内閣不信任決議、内閣総辞職、国務大臣不信任決議〕
第四十六条　内閣総理大臣が欠けたとき、または、衆議院議員総選挙の後に初めて国会の召集があったときには、内閣は総辞職しなければならない。
2　不信任された内閣、または、内閣総理大臣が欠けた内閣であっても、内閣は、新たに内閣総理大臣が任命されるまでは、引き続きその職務を行う。
3　内閣は、衆議院で不信任の決議案が可決されたとき、または、信任の決議案が否決されたときには、十日以内に衆議院が解散されない場合を除いて、総辞職しなければならない。
4　衆議院において各国務大臣に対する不信任が議決されたときには、衆議院が解散される場合を除いては、その職に引き続き留まることができない。

〔法律と政令〕
第四十七条　内閣は、法律を施行するために必要な政令を発することができる。ただし、政令によって国会が定めた法律を変更することはできない。

〔内閣総理大臣の権限〕
第四十八条　内閣総理大臣は、行政各部を指揮監督し、その総合調整を行う。
2　内閣総理大臣は、内閣を代表して議案を国会に提出し、一般国務および外交関係について国会に報告する。。

第四十九条　内閣は、他の一般行政事務のほか、次の事務を行う。

一　法律を執行し、国務を総理すること。

二　外交関係を処理すること。

三　諸般の条約を締結すること。ただし、法律をもって定めることを要する事項に関わる条約、もしくは国に重大な義務を負わせる条約を締結する場合には、国会の承認を必要とする。

四　国際人道法が適用される状態を宣言し、および、その終結を宣言すること。ただし、内外の情勢によって国会の召集を待つことができない緊急の必要があるときには、参議院常置委員会の承認を得ることをもって、国会の承認を得たものとする。この場合においては、次の国会の会期において、国会にこれを報告し、その承認を求めるものとする。

五　法律の定める基準に従い、官吏に関する事務を掌理すること。

六　予算案を作成し、国会に提出すること。

第五十条　内閣総理大臣その他の国務大臣は、衆議院または参議院に議席を有する有しないにかかわらず、いつでも両議院に出席し、発言することができる。

第五十一条　内閣総理大臣は、国家緊急事態を宣言することができる。この宣言の条件と効力は、法律でこれを定める。

2　内閣は、公共の安全を保ち、またはその災いを避けるため、緊急の必要がある場合に限って、かつ、国会が閉会、休会または停会して開けないときには、法律に代わる緊急法令を発することができる。

3　緊急法令を発するためには、法律の定めるところにより、参議院常置委員会の同意を得ることを必要とする。

4　この法令は、次の国会の会期において内閣が国会に提出しなければならない。もし国会がこの法令を承認しないときには、内閣は一旦発した法令であったとしても、三十日以内にその効力を失うことを公告しなければならない。

第六章　司　法

〔司法権〕
第五十二条　司法権は、最高裁判所および法律の定めるところにより設置するその他の下級裁判所に属する。

〔裁判官の要件〕
第五十三条　裁判官には、法律で定めた資格を備える者を任命する。
裁判官は、刑法や裁判所内の懲戒処分によるほかは、罷免されることはない。裁判官を罷免する方法は、法律で定める。

〔裁判の公開〕
第五十四条　裁判の対審および判決は公開法廷でこれを行う。
ただし、公序良俗を害する恐れがあるときは、法律によって、または裁判所の決議で対審の公開を止めることができる。

〔特別裁判所〕

第五十五条 特別裁判所の管轄に属すべきものは、別に法律で定める。

↓憲法裁判所、軍事裁判所が想定される。ただし最終判断を最高裁が行う仕組みとするならば、特別裁判所の項目は不要となる。

↓「軍事審判所を置き、最終判断は最高裁判所に委ねる規定を設ける」とし、特別裁判所の項目は設けない方向もある。

↓憲法裁判所の機能を、参議院常置委員会に移すという案も。

↓特別裁判所の一つである皇室裁判所（帝国憲法下では一度も開かれなかった）は、皇室典範の議論とともに検討すべき。

〔行政裁判所〕

第五十六条 行政官庁の違法行為によって権利が侵害されたと訴えた裁判であって、別に法律で定めた行政裁判所で行うべき裁判は、普通の司法裁判所で受理しなくともよいこととする。
↓司法による行政への過度の介入を阻止する条項だが、現行憲法では「行政裁判所」の設置は認められていない。

第七章　財　政

〔租税法律主義〕
第五十七条　新たに租税を課したり税率を上げるときは、法律で定めなければならない。
↓政府が借金をしたり、国民に治めてもらった税金に負担をかけるような契約をするときは、すでに予算で定めたものを除き、国会の賛同がなければならない。

〔国家予算〕
第五十八条　国家の歳出ならびに歳入は、毎年、予算で国会の同意を得なければならない。

2　予算で定められた金額を超過し、または、予算のほかに生じた支出があった場合には、事後に国会の承認を求めなければならない。

3　複数年にわたる事業など特別の必要がある場合には、内閣は、あらかじめ年限を定め、継続費を設けることができる。

4　国会で予算案を審議しない、または成立させない場合には、内閣は、前年度の予算を執行することができる。

〔予算案に対する衆議院の先議権〕

第五十九条　予算案は先に衆議院に提出しなければならない。

2　参議院が衆議院から送られた予算案を否決したり修正した場合、法律の定めるところにより、両議院の協議会を開いても意見が一致しないとき、または参議院が衆議院の可決した予算案を受け取った後、国会休会中の期間を除いて三十日以内に議決しないときは、衆議院の議決を国会の議決とする。

〔皇室経費〕

第六十条　皇室経費のうち内廷の経費に限り、現在決まっている額を毎年国庫から支出する。

2　この額を増やす場合には、国会の同意を必要とする。ただし、その場合以外においては、これに関与してはならない。

〔緊急財政処分〕

第六十一条　公共の安全を確保するために緊急の必要がある場合であって、かつ、客観的情勢により国会を召集することができない場合においては、内閣は、緊急法令によって会計上の必要な措置を執ることができる。なお、会計上の緊急処分を行う場合においては、参議院常置委員会の同意を得ることを必要とする。

2　前項の場合においては、次の国会の会期において国会に提出し、その同意を求めることを必要とする。

〔会計検査院〕

第六十二条　国家の歳出・歳入の決算は、会計検査院が検査確定し、政府はその検査報告とともにこれを国会に提出しなければならない。

2　会計検査院の組織および職権は法律をもってこれを定める。

第八章　補　則

〔改正手続き〕

第六十三条　将来、この憲法の条項を改正する必要があるときには、議案を議会に提出しなければならない。この場合において、参議院と衆議院は、それぞれ総議員の五分の三以上が出席していなければ議事を開くことができない。参議院と衆議院の、それぞれの出席議員の過半数をもって、国会が国民に憲法改正案を発議する。

2　国会が発議した憲法改正案は、国民投票で有効投票総数の過半数の賛成をもって成立する。

3　天皇は、国会が発議し、国民投票で過半数の賛成を得た憲法改正を裁可し、公布する。

〔典憲体制〕

第六十四条　皇室典範の改正は、国会の議決を要しない。

2　皇室典範をもってこの憲法の条文を変更することはできない。

〔改憲前の法令の有効性〕

第六十五条　この憲法成立時点における、この憲法に矛盾しない法律、政令、命令、規則または処分は、すべて遵守しなければならない。

おわりに

本書においては、現在の国際環境における日本の危機からの「憲法改正」の必要性を、9条などを中心に述べた。そして、根本的なわが国の国体や国柄を含めた全面改正である「日本国憲法改定試案」を示した。

この二つの話の流れに共通するのは、やはり先の大戦においてわが国が敗れ、GHQがわが国に押し付けた現行憲法の成立過程や、GHQの意図にあまりに大きな影響を受けているということである。

わが国をわが国民の手で守るためにどうするか。憲法上、それができないのであれば、改正をする。こうした諸外国においては単純に行われていることが日本においては全く行われてこなかった。

これは政治家の責任であり、国民の責任でもある。

国と国民を守るために必要なことを行わず、誰かが死んでしまったらどう責任を取るのだろうか。不幸にして死ぬことになってしまった人物は、もしかしたら自分かもしれないし、自分の家族かもしれない。

憲法の不備を整え、わが国と国民を憲法によって守らなくてはならない。

日本国憲法の「改正」が成り、「改定」への道がつけば、ようやく先の大戦の呪縛から日本国と国民が解き放たれるのではないだろうか。

国民みんなで手を携え、子の世代に、孫の世代に、豊かで平和で誇りある日本を受け継いでいきましょう。

本著の作成の機会を与えてくださった、すばる舎と吉田真志さん、また、さまざまなアドバイスをいただいた倉山満さん・江崎道朗さん・西修先生に感謝します。

平成三十年三月吉日

参議院議員　和田 政宗

【著者紹介】
和田 政宗（わだ・まさむね）

参議院議員
1974年10月東京生まれ。1993年慶應義塾志木高等学校卒業、1997年慶應義塾大学法学部政治学科卒業・同年NHK入局・アナウンサー職。
2013年みんなの党参議院宮城県支部長就任・同年第23回参議院議員通常選挙宮城県選挙区において、220,207票を獲得、初当選。現在、参議院内閣委員会理事・自民党広報副本部長。元・次世代の党幹事長、政調会長、元・みんなの党青年局長、東北復興院副総裁。仙台青年会議所特別会員、仙台三田会（慶應義塾OB会）幹事、東北日米協会会員、仙台藩作法香之儀・奥許、ラ・シェーヌ・デ・ロティスール協会（食の騎士団）会員。
【著作】
『戦後レジームを解き放て！- 日本精神を取り戻す！』青林堂 2014年
『村山談話20年目の真実』(イースト新書) イースト・プレス 2015年 共著
『日本の真実50問50答 わかりやすい保守のドリル』青林堂 2017年
和田政宗オフィシャルサイト https://www.wadamasamune.com/
Twitter https://twitter.com/wadamasamune

BookDesign ：山田知子［chichols（チコルズ）］

日本国憲法「改定」

2018年3月29日 第1刷発行

著 者——和田政宗
発行者——徳留慶太郎
発行所——株式会社すばる舎
〒170-0013 東京都豊島区東池袋3-9-7 東池袋織本ビル
TEL 03-3981-8651（代表）03-3981-0767（営業部直通）
FAX 03-3981-8638
URL http://www.subarusya.jp/
振替 00140-7-116563
印 刷——図書印刷株式会社

落丁・乱丁本はお取り替えいたします

ISBN978-4-7991-0677-8